Viajeras intrépidas y aventureras

Cristina Morató es periodista, fotógrafa y escritora. Desde muy joven ha recorrido el mundo como reportera, realizando numerosos reportajes en América Latina, Asia, África y Oriente Próximo. Durante años alternó sus viajes con la dirección de programas de televisión y colaboraciones en radio y en prensa, trabajos que decidió abandonar para dedicarse a escribir sobre la vida de las grandes viajeras y exploradoras de la historia. En busca de sus rastros recorrió más de cuarenta países. Fruto de su investigación son sus obras *Viajeras intrépidas y aventureras*, *Las reinas de África*, *Las damas de Oriente* y *Cautiva en Arabia*. Sus libros *Divas rebeldes*, *Reinas malditas* y *Diosas de Hollywood* reflejan su interés por descubrir el lado más humano y menos conocido de mujeres poderosas y legendarias. Es también autora de la biografía de Lola Montes, *Divina Lola*. Todas sus obras han sido acogidas con extraordinario éxito de crítica y público, y han sido traducidas a varios idiomas.

Es miembro fundador de la Sociedad Geográfica Española, y miembro de la Royal Geographical Society de Londres.

Para más información, visita la página web de la autora:
www.cristinamorato.com

También puedes seguir a Cristina Morató en Facebook e Instagram:

 Cristina Morató
 @cristina.morato.oficial

Biblioteca

CRISTINA MORATÓ

Viajeras intrépidas y aventureras

Prólogo de
Manu Leguineche

DEBOLSILLO

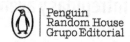

Penguin
Random House
Grupo Editorial

Edición ampliada y revisada

Segunda edición con esta cubierta: julio de 2019
Quinta reimpresión: diciembre de 2022

© 2001, Cristina Morató
© 2001, 2019, Penguin Random House Grupo Editorial, S. A. U.
Travessera de Gràcia, 47-49. 08021 Barcelona
© de las fotografías interiores: A. Mejía-SYGMA; Corbis;
Hulton Getty; Mausell/Timepix/Cordon Press; Aisa;
archivo de la familia de Anita Delgado; archivo Plaza & Janés
Diseño de la cubierta: Penguin Random House Grupo Editorial / Carme Alcoverro
Fotografía de la cubierta: *Ascensión a la Pirámide de Keops*. AKG Photo, Berlín

Printed in Spain – Impreso en España

ISBN: 978-84-9032-272-7
Depósito legal: B-10.817-2019

Compuesto en Anglofort, S. A.

Impreso en QP Print

P 3 2 2 7 2 F

A mis padres, que me dieron alas para volar,
a Maite, que con sus cartas animó la soledad de mis viajes,
a Pepe, mi compañero en esta travesía,
a Alejandro, que mientras escribía este libro
aprendió a andar.

ÍNDICE

AGRADECIMIENTOS

A Pepa Roma, por sus consejos y reflexiones compartidas; a Héctor Sayago por su imprescindible documentación, a mi editora Carmen Fernández de Blas por animarme a ampliar las vidas de las primeras aventureras, a José Diéguez por su trabajo de traductor e inspirada cocina, a la Sociedad Geográfica Española —cuyos miembros más participativos son las mujeres— por su apoyo y a Manu Leguineche, «mi maestro», por este prólogo lleno de cariño. Y a Emilia Lope, de Plaza & Janés, por su inestimable ayuda en esta nueva edición del libro.

PRÓLOGO

No por azar aventura es del género femenino. Las correrías con riesgo han sido y son dominio de la mujer tanto como del hombre. Claro que cuando se trata de ilustrar el espíritu de aventura, la historia retiene primero a los nombres de Marco Polo, Colón, Magallanes, Elcano, Cook, Stanley, Amundsen, Lindberg.

Eso se explica porque la historia está escrita por hombres. En la sombra quedan Débora, que condujo a las tribus de Israel a la victoria, Balkis, la reina de Saba que desde Etiopía se fue a seducir al rey Salomón, el de los juicios salomónicos y las minas ocultas en el corazón de África, Malinche la bella azteca que siguió a Cortés en su conquista, de la donostiarra monja Alférez, de Ángelica Duchemin que fue la primera mujer condecorada con la Legión de Honor (por Napoleón), de María Cabeza-de-Madera, mujer soldado que dio a luz en la batalla de Marengo y murió en Waterloo, de esa galería de mujeres emprendedoras que van desde la primera enfermera Florence Nightingale o Isabelle Eberhardt, de Alexandra David-Néel o Amelia Earhart hasta la astronauta rusa Valentina Terechkova.

Ya es hora de que salgan a la luz las peripecias de las mujeres-viajeras. En su libro *Wayward Women* Jane Robinson reúne cuatrocientos nombres de escritoras de viajes y tan sólo en inglés. Hace una excepción con una abadesa gallega (o del sur de Francia según otras fuentes), Etaria o Egeria, que es la santa patrona de los trotamundos. Hay otra razón que ha ocultado estos y otros nombres universales. Viajar es cosa de hombres, pero las mujeres no se quedan en casa y con la pata quebrada. Salen, se rebelan, viven, buscan la libertad y rompen los clichés. En la Edad Media son todas santas, brujas o putas, en la Era Victoriana sumisas amas de casa. Las hay, sin embargo, que pegan una patada al hormiguero decididas a correr mundo por las más diversas razones, místicas o religiosas, personales, filosóficas, amorosas, hedonistas, de curiosidad o de fuga de un mundo hostil o tedioso. Partir es vivir. Pero que no se corra la voz: podría cundir el ejemplo.

¿Por qué hay tan poca literatura escrita sobre las mujeres viajeras hasta que la intrépida y marilyniana Cristina se ha puesto a la tarea? Creo que porque nunca se dieron importancia, nunca sintieron ese afán masculinista de sacar pecho, de batir plusmarcas, de presumir de sus hazañas en sociedades geográficas, de gritar al mundo «yo fui el primero», de epatar a plebeyos, burgueses y aristócratas. Como diría Stevenson lo esencial es moverse, por lo demás, la puesta en escena, la vanidosa exaltación de esas andanzas, la publicidad, la necesidad patológica de batir al compañero en una cima, una selva tupida o un río, para lograr una medalla sobre la que centelleen los flashes es cosa de hombres. Somos como niños necesitados de cariño y aplausos.

«Por fin —diría Mary Kingsley— mis piernas eran libres.» Cuando es un hombre el que viaja es un Cid Campeador, si lo hace una mujer hasta la mismísima cazuela del antropófago es una excéntrica. «Peregrina salió —asegura el refrán alemán del medioevo— puta volvió.» Pero «el milagro hay que esperarlo de una mujer», ¿verdad Lamartine?

Para una mujer viajar desde el siglo IV el de la abadesa Egeria hasta el siglo XIX (en la Gran Bretaña por lo menos) era una heroicidad, si ni siquiera las dejaban salir de casa. Egeria la bendita, de ella nos habla Cristina en este libro tan divertido y tan esclarecedor, pudo salir para mayor gloria de Dios y escribir en el año 385 un libro que rezuma devoción y energía, *La peregrinación de Santa Silvia de Aquitania a los Santos Luga-*

res. Esta mujer es la primera que no presume de nada. Ni una línea de autoglorificación o de acento innecesario en el peligro a la incomodidad del viaje que la lleva desde la tumba de Job a la zarza de Moisés hasta el pilar de sal de la mujer de Lot. El texto de la monja gallega es de una sencillez y una capacidad de observación aplastante. Va al grano con una desusada naturalidad, franqueza e inocencia. En sus dos exploraciones de Egipto lleva el libro de Éxodo para contrastarlo con la geografía por la que pasa, incluida la ascensión al monte Sinaí. El periódico de hoy es ya viejo, pero Egeria es nueva cada amanecer.

El denominador común de las mujeres viajeras-escritoras es esa llaneza de la que hace gala la abuela Egeria, tan alejada de la altanería, la hipérbole, la grandilocuencia y fantasía de tantos hombres-viajeros trotamundos del «ego-trip». Estas damas no ven volar burros como Marco Polo, sino que se atienen a la realidad, la describen con tino y un cierto distanciamiento irónico. Cristina Morató hereda estas y otras virtudes porque lejos de complicarse y complicarnos la vida a sus lectores con giros fantásticos y adornos innecesarios va al tuétano. Se escribe como se es y la autora de *Viajeras intrépidas y aventureras* nos regala la cortesía de la claridad, de un texto ordenado y funcional. Por añadidura no interfiere en la exposición de vidas tan desconocidas ni trata de colar un ejercicio de estilo. Cristina es así, limpia, rápida, desprendida, de veloz y atenta mirada. Así fue también como se lanzó muy joven a la aventura. «Es tan débil el hombre —escribía Alfred de Vigny en *Diario de un poeta*— que cuando alguno de sus semejantes se presenta clamando "Yo lo puedo todo", como Napoleón, o "Yo lo sé todo", como Mahoma, puede ya darse casi por vencedor. Tal es la causa del éxito de tantos aventureros.»

Vivir satisfecha de una misma es muy aburrido, de modo que Cristina abandona una carrera fácil, una popularidad efímera en televisión o un despacho con alfombras persas y mirós en las paredes por la aventura pura y simple. Tampoco presume de nada, no es políglota, ni siquiera se cree valiente, pero lo prueba todo con la sonrisa, la alegría, la audacia, el romanticismo, la facilidad de comunicación y el sentido del humor que le son congénitos, Madame Matata como la llamaban en swahili se lanza al «puenting» o al paracaidismo, pasea su cámara por aquí y por allá. Lo que más le gusta, por eso es periodista independiente, *freelance* en nuestra jerga, es poder decir adiós. Ni tiene coche, casa propia, nada que le ate en exceso a un punto fijo, aunque vamos a ver qué pasa a partir de ahora que es mamá feliz. Seguro que carga a su niño Alejandro en la mochila.

En fin, que empuña su cámara, sabe mirar alrededor y es feliz así. No va de etnóloga, antropóloga o socióloga con citas por delante de Margaret Mead o Levis Strauss. No, ella peregrina por la vida sin brújula ni compás. De pequeña leyó a Tintín y a Conrad y con ese bagaje y nuevas lecturas ha ido al fin del mundo preguntando y gesticulando, arrojándose sin temor y con fruición a la piscina de todas las culturas, sobre todo latinoamericanas o africanas. Ha salido intacta de estas y otras singladuras, de modo que nunca nos echará el sermón al uso sobre lo duro y espinoso que es viajar. «Lo mío, dice, es la gente.»

Otra de las características que Cristina comparte con las colegas sobre las que escribe es el inconformismo, el desparpajo, el desasimiento de cosas materiales, la compasión, el relato del miedo o la soledad sin exageraciones. Estas damas son de carne y hueso.

«En el fondo —escribió Freya— la verdadera literatura de un país es su atmósfera.» Cristina es bachiller en atmósferas. Jorge Luis Borges llamaba vestíbulos a los prólogos. Éste es sólo un vestíbulo para la «poeta del viaje» catalana. Ya que navega en el segundo plano habrá que pedirle que tras animarse a contar con éxito aventuras ajenas nos cuente un día las suyas.

MANU LEGUINECHE

PRÓLOGO A LA NUEVA EDICIÓN

Cuando hace cinco años publiqué *Viajeras intrépidas y aventureras*, no tenía la menor idea de cómo este libro iba a cambiar mi vida. En aquel tiempo andaba dirigiendo programas de televisión, realizando reportajes fotográficos por tierras africanas y ejerciendo de madre, pues acababa de tener mi primer hijo. Fue entonces cuando me propusieron escribir un ensayo sobre las mujeres viajeras y comencé a recorrer bibliotecas, librerías de mujeres, de viajes y a buscar toda la información posible sobre las grandes viajeras de los siglos pasados. Ante mi sorpresa, descubrí los nombres de un buen número de emprendedoras damas que, desde los tiempos más remotos, abandonaron la seguridad de sus hogares para conocer nuevos horizontes. Y ocurrió lo inevitable, que las historias de estas indómitas amas de casa, misioneras, científicas, aristócratas y esposas de célebres exploradores despertaron tanto mi interés que finalmente el libro se convirtió en un pequeño homenaje a ellas. Y digo pequeño porque todas ellas, desde las primeras y anónimas peregrinas a Tierra Santa, hubieran merecido más páginas. En mis siguientes libros, *Las Reinas de África* (2003) y *Las Damas de Oriente* (2005), pude profundizar más en sus apasionantes biografías; unas vidas tan aventureras y novelescas que muchos lectores creían que habían nacido de mi imaginación.

Así comenzó mi etapa de escritora porque, tras el inesperado éxito de *Viajeras intrépidas y aventureras* —que en poco tiempo alcanzó varias ediciones—, me empeñé en seguir rescatando las historias de aquellas pioneras de la exploración injustamente olvidadas por la historia. Abandoné la televisión para dedicarme exclusivamente a la escritura, algo que dejó perplejo a más de un directivo y productor que no entendían como «una periodista con un brillante futuro televisivo» se retiraba en su mejor momento profesional para escribir. A día de hoy, y tras las satisfacciones personales que me han dado mis libros —entre ellas el poder seguir viajando por los escenarios que antaño recorrieron estas pioneras—, no me arrepiento de haberme embarcado en esta aventura literaria.

En realidad, no resulta tan extraño que una impenitente viajera como yo quisiera hacer un poco de justicia y colocar a mis predecesoras en el lugar que les corresponde. Desde que a los veinte años me lancé a descubrir mundo y conocer otras culturas, no he hecho otra cosa que viajar (siempre como *freelance*, sin compromisos ni ataduras), generalmente sola y lidiando a mi regreso con editores de revistas que pretendían pagarme menos que a mis compañeros por el simple hecho de ser mujer. Así que comparto con mis antecesoras su tenacidad, rebeldía, curiosidad, y el sentido del viaje como una vía para aprender y conocerse más a sí mismo; el viaje como exploración interior y exterior.

De niña me recuerdo encaramada a la biblioteca de mi padre, más interesada en los gruesos volúmenes de piel labrada y letras doradas dedicados a los Pueblos del Mundo y a las Antiguas Civilizaciones, que por lecturas más propias de mi edad. En mi caso, lo he tenido más fácil que mis antepasadas victorianas porque cuando, siendo una adolescente, les dije a mis padres que quería ser reportera y dedicarme a viajar, me apoyaron con resignación; quizás porque sabían que nada me haría cambiar de idea... Es cierto que se les encogía el estómago cada vez que veían a su hija hacer la maleta y marchar sola —o, en dudosas compañías masculinas—, a algún remoto país africano o rumbo a una guerra olvidada de Centroamérica, pero nunca se opusieron a mis deseos de ver mundo.

La buena acogida que tuvo en su día este libro —hoy corregido y ampliado con más datos biográficos— y el hecho de que incluso llegara a situarse entre los más vendidos de la temporada, sorprendió tanto a mis editores como a mí misma. Uno nunca sabe por qué un libro consigue gustar al lector. En mi caso creo que coinciden varias circunstancias; por una parte la novedad del tema, pues en nuestro país apenas existen libros o biografías dedicados a las mujeres viajeras y exploradoras; por otra, creo que mis libros, escritos de manera coloquial y bastante amena, resultan de fácil lectura incluso para aquellos que no suelen sentir un especial interés por la literatura de viajes.

Tras la presentación en Madrid y en Barcelona de *Viajeras intrépidas y aventureras*, el tema parece que interesó a los medios de comunicación. Empezaron las entrevistas en radio y en televisión, los reportajes y las invitaciones a participar en mesas redondas y a dar conferencias. No tengo página web pero a través de la Sociedad Geográfica Española —de la que soy miembro fundador— me llegaban mensajes de lectores informándome sobre alguna audaz viajera de otros tiempos que no había incluido en mis libros, o me sugerían que escribiera sobre las primeras exploradoras en América o sobre las pioneras de la aviación. Otros me agradecían por carta que tras la lectura de mis libros se hubieran animado a hacer un safari por las sabanas africanas emulando a la baronesa Karen Blixen, o a visitar las ruinas de Palmira en el desierto de Siria siguiendo las huellas de la romántica lady Jane Digby. Todas las sugerencias eran bien recibidas porque la complicidad —y el contacto— con los lectores me parecen imprescindibles para un autor.

Y así fue como, unos años después de *Viajeras…*, llegaron dos nuevos libros de los que me siento especialmente satisfecha, sobre todo porque había madurado como escritora y fui capaz de hacer unas biografías más profundas de los personajes, intentando transmitir no sólo sus irresistibles personalidades sino dando a conocer lo que la historia les había negado: sus importantes aportaciones geográficas y científicas. Así nació *Las Reinas de África*, un libro dedicado a las misioneras, esposas de exploradores, aventureras y escritoras que, en el siglo XIX, sintieron la «llamada de África» y vivieron largas temporadas en un continente entonces tan desconocido como peligroso. Dos años más tarde publicaba *Las Damas de Oriente* y cambiaba el escenario de las junglas y sabanas africanas por los ardientes desiertos y las ciudades de *Las mil y una noches*. Descubría al lector la fascinación que en el pasado ejercieron los países árabes de Oriente Medio, en un buen número de aristócratas inglesas, que abandonaron sus confortables mansiones y privilegios por llevar una vida nómada y salvaje entre los nómadas beduinos.

Ahora que ando sumergida en una nueva aventura literaria, pienso en lo mucho que me han aportado estas extraordinarias mujeres de las que casi nada conocía cinco años atrás. Gracias a ellas he aprendido, entre otras cosas, que con curiosidad, tenacidad y ansias de libertad una puede llegar donde se lo proponga, incluso siendo una tranquila ama de casa. A través de la lectura de sus diarios de viaje, de sus cartas y de sus libros, he podido regresar a escenarios de África y Oriente Medio que ya conocía, y descubrirlos de nuevo, con sus ojos de auténticas pioneras. Si mis libros han contribuido a poner «de moda» la literatura femenina de viajes, si la pasión que hay en ellos ha animado a más de uno —o una— a imitar a estas intrépidas damas y a lanzarse a la aventura de recorrer mundo, me doy por satisfecha.

CRISTINA MORATÓ,
Madrid 2006

Las viajeras nos encontramos en serios aprietos. Si no decimos nada más de lo que se ha dicho ya, somos aburridas y no hemos observado nada. Si decimos cosas nuevas, se burlan de nosotras y nos acusan de fabulosas y románticas.

Lady MARY MONTAGU, Constantinopla, 1718

Sólo siento indiferencia ante lo que pueda ocurrir, ya sean dificultades, sufrimientos, vida y muerte. En realidad, uno cae en la inquietud y el temor porque le importa su vida y su confort. Soy vieja y he conseguido más o menos todo lo que he deseado en este mundo. La sabiduría consiste, pues, en no permitir que me invada la agitación. Si el final está cerca, no tiene la menor importancia.

ALEXANDRA DAVID-NÉEL, Tíbet, 1920

En cuanto a mí, sólo deseo tener un buen caballo, compañero mudo y fiel de una vida soñadora y solitaria, algunos servidores casi tan humildes como mi montura, y vivir en paz, lo más lejos posible de la agitación —en mi humilde opinión, estéril— del mundo civilizado, en el que me siento de más.

ISABELLE EBERHARDT, Argelia, 1900

I

ESPÍRITU AVENTURERO

No comprendo la existencia de personas que se levantan todos los días a la misma hora y comen cocido en el mismo sitio. Si yo fuera rica no tendría casa. Tendría una maleta y a viajar siempre.

CARMEN DE BURGOS, 1927

Todo empezó en 1986 cuando trabajaba como reportera en un programa de tarde en televisión. No sabía muy bien cómo estrenarme así que decidí entrevistar a unos jóvenes que practicaban el «puenting» —modalidad que consiste en lanzarse al vacío sujeto sólo con un arnés a la cintura— y grabar sus espectaculares saltos. Al final, cuando ya nos íbamos a ir, uno de ellos me dijo que por qué no probaba la experiencia, que la sensación era increíble. Así que con el corazón en un puño y los ojos cerrados, salté al vacío mientras chillaba de emoción. Cuando el reportaje se emitió fue un éxito, los taxistas no me cobraban la carrera, en el mercado me regalaban fruta y mi madre me rogaba que no lo volviera a intentar. Durante un tiempo me gustó probar otros deportes de riesgo como el paracaidismo, los viajes en globo o el parapente. Para mí no era más que la posibilidad de vivir nuevas emociones y divertirme.

Desde entonces me cayó el sambenito de «intrépida». Yo me lo tomaba un poco a guasa porque ya hacía cuatro años que viajaba por el mundo con mi cámara de fotos haciendo reportajes y había vivido algunos contratiempos más serios que el puenting. Pero no me importaba, nunca me he considerado valiente, sólo he sido una viajera curiosa y apasionada más enamorada de las gentes que de los paisajes. También he tenido suerte o un ángel protector porque he viajado sola a muchos países y nunca encontré el peligro del que me hablaban.

Cuando empecé este libro no imaginaba la aventura en que me metía. Como la mayoría, me sonaban los nombres de algunas ilustres viajeras como la monja Alférez o la famosa exploradora Alexandra David-Néel, pero poco más. Recuperar las hazañas de aquellas pioneras no era tarea fácil, la historia no se preocupó de ellas hasta el siglo XVIII. Así que sólo quedaba recorrer bibliotecas y empezar a leer las escasas biografías publicadas. Descubrí sorprendida que la lista de viajeras era más larga de lo que me imaginaba. Desde las heroínas castellanas del siglo XII hasta las astronautas que hoy viajan al espacio, ha habido tiempo para ver mundo. Un mundo, el de entonces, sin fronteras, pasaportes y aún por cartografiar.

En cualquier tiempo pasado una mujer que viajara, y más sola, era una extraña criatura. En el siglo XIX, cuando surgen las más singulares y atrevidas trotamundos, la mujer nacía para cuidar del hogar, educar a los hijos y atender al marido. Ese ambiente asfixiante de la época victoriana, que reprimía el talento de muchas mujeres y las enfermaba de por vida, propició el milagro. La aparición de mujeres como Mary Kingsley, Isabella Bird o la misma Gertrude Bell no fue casual. A una edad en que la sociedad les cerraba todas las puertas, sobre todo si eran solteras, los viajes eran una válvula de escape para estas mujeres cultas, inquietas y fuera de lo común.

Así que un puñado de valientes mujeres que se negaron a llevar una vida de segunda decidieron romper moldes. Y lo hicieron sin renunciar a ser unas elegantes damas del Imperio Británico. Mary Kingsley, la más divertida de todas, comenta en uno de sus libros: «Me encontraría ridícula si en mi viaje a África me vistiera de otra forma a como suelo hacerlo en casa. Me parece que lo que resulta correcto para Cambridge y Londres lo será entre los africanos.» Y así como si fueran de picnic viajan con sus apretados corsés, pesadas enaguas, largas faldas, medias, botines y la inseparable sombrilla. Otras más prácticas, como Alexandra David-Néel o la arqueóloga Jean Dieulafoy, usan cómodos pantalones. Un buen número de ladies que recorre Oriente se disfrazan de árabes para pasar desapercibidas, montan a caballo como los beduinos y duermen en las tiendas de los nómadas.

En sus extraordinarios viajes a las selvas de Borneo, la sabana africana o las montañas del Himalaya algunas viajaban casi con lo puesto, otras a lo grande como auténticas reinas. La almohada, el té y en ocasiones una bañera de zinc son los caprichos más comunes. Algunas se atreven a más, la exploradora May Sheldon viaja en un enorme palanquín de mimbre, y en el estandarte que lleva cuando camina al frente de su caravana, ha escrito en latín: *«Noli me tangere»*, es decir, «No me toquéis». La inglesa Gertrude Bell nunca renunció a cenar en vajilla de porcelana y copas de fino cristal en medio del desierto.

A pesar de la ironía y el humor que impregnan los relatos de aquellas pioneras sus viajes constituyen auténticas proezas. Los peligros a los que debieron enfrentarse, caníbales, animales salvajes y enfermedades, no eran ninguna tontería. Y, sin embargo, es muy raro que alguna de ellas se queje o lamente por haber salido de casa. La humildad y la ingenuidad es común a todas. Ida Pfeiffer dio dos veces la vuelta al mundo y se enfrentó a los temidos cazadores de cabezas de Borneo. Isabella Bird, la primera mujer aceptada por la Royal Geographical Society de Londres, dio tres veces la vuelta a la Tierra. Alexandra David-Néel fue la primera occidental que entró en la ciudad prohibida de Lhasa. Ninguna reconoció al final de sus días que hubiera hecho algo especial, tan sólo «habían visto un poco más que las demás», como dijo lady Anne Blunt, nieta de Lord Byron y primera europea en recorrer los desiertos de Arabia Central.

Nada hace suponer que tras una apacible madre de familia numerosa o una mojigata «solterona» se esconda un inquieto espíritu aventurero. Ida Pfeiffer, una perfecta ama de casa, dejó perpleja a su familia cuando, sola y con apenas dinero, se lanzó a recorrer remotas regiones. Mary Kingsley, que no conoció en treinta años más mundo que la casa familiar, a la muerte de sus padres se embarcó también sola al África occidental que por entonces era conocida como «la tumba del hombre blanco». May Sheldon fue quizá la más moderna al dejar a su marido en tierra firme y emprender una arriesgada expedición a Kenia. La «maldita» curiosidad femenina arrastró por igual a monjas, reinas, conquistadoras, ladies y exploradoras. El problema, como decía la veterana trotamundos Freya Stark, es que «a uno le sobreviene una especie de locura a la vista de un buen mapa». Todas ellas fueron las primeras, y con su esfuerzo y tenacidad abrieron el camino a las arqueólogas, zoólogas y antropólogas del siglo xx que recorrieron sus mismas rutas.

Claro que su comportamiento resultó escandaloso en su época y propició todo tipo de burlas y críticas. Los hombres las tachaban de «locas y excéntricas», además de «marimachos y ridículas». La reina Victoria, principal baluarte de la moralidad, se negó a invitar a la mujer del explorador Samuel Baker a la ceremonia de su investidura como caballero, porque viajaron juntos a África sin estar casados. Florence Baker calló, como otras muchas, pero tanto ella como Isabel Arundell, esposa del capitán Richard Burton, contribuyeron en gran medida a los éxitos de sus maridos.

Este libro no iba a ser en un principio tan extenso, pero a medida que pasaban los meses unas mujeres me presentaban a otras y así sucesivamente hasta que tuve que decir basta. Por ejemplo, cuando leía las memorias de Fanny Vandegrift, la mujer del escritor Robert Louis Stevenson, aparecía el nombre de una tal tía Maggy que viajó con ellos a los mares del Sur. La tal Maggy no era otra que la madre de Stevenson, Margaret, que embarcó con ellos para un «crucero» de dos años y medio por la Polinesia. Esta mujer victoriana, viuda, que no había ido más allá de los balnearios europeos aprendió a montar a caballo con sesenta años para poder ir a misa los domingos y se sentía feliz descalza, sin corsé, vestida como una samoana.

En otra ocasión leyendo el libro del capitán Richard Burton, *Las Montañas de la Luna*, el autor hacía alusión a unas damas holandesas que habían llegado a Gondokoro, en el Alto

Nilo. Esperaban poder conseguir porteadores y víveres para emprender su viaje al interior del continente africano: ¿Mujeres organizando una expedición a las fuentes del Nilo?, la idea parecía descabellada pero era muy real. Las holandesas no eran otras que Alexine Tinne y su madre la baronesa Harriett, unas ricas y excéntricas aristócratas que dilapidaron su fortuna viajando como auténticas reinas.

A lo largo de estas páginas desfilan un buen número de mujeres fuera de lo común, pero quedan todavía muchas por descubrir e investigar. Éste no es un libro histórico, ni un ensayo sobre las viajeras, tan sólo unas páginas que rescatan lo mejor —y lo peor— de sus increíbles odiseas; apenas un boceto de unas vidas excepcionales. He incluido algunas anécdotas de mis viajes alrededor del mundo que coinciden con situaciones que ellas vivieron y los países que recorrieron.

Es cierto, como apunta Manu Leguineche en el prólogo, que no he podido evitar identificarme con ellas. Mi sentido del humor y mi carácter extrovertido me han ayudado como a Mary Kingsley en más de una ocasión a salir de un apuro. Como a ella me ha gustado probar en mis viajes «la cocina selvática», aunque el menú fuera carne de mono, orugas y termitas fritas. Y no me ha importado en absoluto abandonar el confort de un hotel por una buena hamaca en la selva o el suelo de una choza maya en México. En el Amazonas aprendí a pescar pirañas y en la Patagonia a cazar marás para llenar el estómago.

Al final, de eso se trata, de ver mundo, aprender y conocerse a sí mismo. Freya Stark, en su obra *Un invierno en Arabia*, escribe: «Las cinco razones para viajar que me dio sayid Abdullah el relojero: dejar atrás los problemas, ganarse la vida, adquirir conocimientos, practicar las buenas maneras y encontrar un hombre honorable.» Yo añadiría una sexta, alargar la vida. Nuestras más notables y curiosas viajeras han sido más bien longevas. Alexandra David-Néel mandó renovar su pasaporte cuando había cumplido los cien años «por si acaso»; Freya Stark, con ochenta años atravesó a caballo algunos pasos del Himalaya a más de cinco mil metros de altitud.

Por alguna de estas razones o por todas ellas las mujeres empezaron a viajar desde los tiempos más remotos. No sabemos lo que pasaba por sus cabezas a la hora de abandonar sus confortables vidas rumbo a lo desconocido. A lo mejor lo mismo que por la mía cuando hace veinte años subí a un avión rumbo a Centroamérica dispuesta a convertirme en reportera.

II

LAS AUTÉNTICAS PIONERAS

He realizado hasta ahora un viaje jamás emprendido por ningún cristiano desde tiempos de los emperadores griegos, y no lamentaré las fatigas padecidas en su transcurso si con ello tendré oportunidad de distraer a su Alteza Real describiéndole lugares completamente desconocidos entre nosotros.

Lady MARY MONTAGU, 1716

Mujeres intrépidas y aventureras han existido desde los tiempos más remotos, aunque la inmensa mayoría han sido silenciadas y olvidadas por la historia, escrita por los hombres. Cuando miramos hacia atrás resulta difícil encontrar testimonios de mujeres viajeras anteriores a los siglos XVIII y XIX, época de las grandes expediciones. Pero ¿cuándo empezaron a viajar las mujeres?, ¿cómo y por qué viajaban? Hoy podemos responder a estas preguntas gracias a las biografías y diarios de viajes que se van rescatando del olvido y publicando en los últimos años. Por ellos sabemos que muchas mujeres, incluso tranquilas amas de casa, llevadas por el «demonio» de la curiosidad, hartas de su papel social, se lanzaron a la aventura de viajar allí donde todavía los mapas estaban en blanco y en ocasiones mucho antes que los grandes viajeros «pata negra» como Cristóbal Colón.

Durante siglos un puñado de mujeres ni tan locas ni tan excéntricas como nos han hecho creer algunos biógrafos, han contribuido con sus viajes al conocimiento geográfico y han participado en importantes acontecimientos históricos. Ni un monumento, ni una triste placa recuerda sus hazañas y sus nombres tampoco aparecen en los libros.

Y eso que el primer libro español de viajes lo escribió una mujer, Egeria, adelantándose mil años a los relatos de Marco Polo y que sólo una mujer, Isabel Barreto, navegante española del siglo XVI, ha tenido en sus manos el mando de una expedición en toda la historia de la conquista de América y ha ostentado el título de almirante. En Inglaterra, fue la abadesa de Heidenheim quien inició en el siglo VIII la tradición de los libros de viajes ingleses escribiendo para su obispo la evocación de su viaje al Oriente Próximo.

Si nos remontamos a la antigüedad algunas mujeres realizaron hazañas que hoy dejarían perplejos a los amantes de los deportes de riesgo. Las jóvenes de la isla griega de Creta, por ejemplo, conducían carros, de pie, sosteniendo las riendas como los hombres. Iban de caza, practicaban el boxeo y realizaban asombrosos y audaces juegos tauromáquicos saltando sobre los toros. Esas corridas, de las que se encontró una representación en un fresco de Cnosos, formaban parte del culto que los cretenses dedicaban al toro. El historiador Micheline Morin describe así estos rituales: «En medio de la arena, la cretense, delgada y atlética, vestida sólo con una especie de "slip", calzada con botas, el torso desnudo, esperaba a pie firme la embestida del toro. En el momento que éste llegaba, con la cabeza baja, ella le hacía un quiebro y se cogía a uno de los cuernos. El toro, para librarse, alzaba la cabeza y, levantando a la acróbata, le daba el impulso que necesitaba para dar el peligroso salto y caer tras el animal.»

Viajeras, exploradoras, navegantes, conquistadoras las ha habido siempre. Algunas dejaron familia y hogar para seguir a su marido en las Cruzadas o en la conquista de América sin importarles el riesgo. En la Edad Media ya había mujeres que se jugaban la vida peregrinando por el Camino de Santiago o recorriendo los escenarios bíblicos de Tierra Santa. También hubo mujeres valerosas que a la muerte de sus maridos asumieron el mando de ejércitos y flotas.

Hemos tenido reinas valientes e independientes que no se limitaron al papel de consorte y fueron algo más que ejemplares esposas. Había que tener coraje para ser a la vez madre, esposa, soldado, reina, estratega y viajar a lugares remotos de Oriente. Algunas fueron auténticas heroínas militares, el escritor francés Lamartine dijo en una ocasión: «Las mujeres tienen más corazón e imaginación que el hombre. El entusiasmo procede de la imaginación y la abnegación depende del corazón. Las mujeres son, pues, más naturalmente heroicas que los hombres. Y cuando ese heroísmo debe llegar hasta lo maravilloso, el milagro hay que esperarlo de una mujer.»

En la Edad Media sin ir más lejos, la reina de Francia, Blanca de Castilla, hija de Alfonso VIII, al quedarse viuda y morir su marido Luis VIII ejerció la regencia en nombre de su hijo, el futuro Luis IX que entonces sólo contaba doce años. Además tuvo que hacer frente a rebeliones y levantamientos y para reducir a los señores feudales no temió en marchar a la cabeza de sus ejércitos. Blanca de Castilla se casó siendo una niña, tuvo doce hijos de los que sólo cinco le sobrevivieron. Se enfrentó a los que no admitían que una mujer gobernara el reino de Francia durante la minoría de edad de su hijo. Y lo hizo llegando a convertirse en su persona de confianza y mejor consejera. Cuando en 1248 Luis IX partió a su primera cruzada por Egipto y Tierra Santa, dejó a su madre como tutora del reino y encargada de supervisar todos los detalles logísticos de su expedición. A su muerte sus coetáneos la describieron como la «mujer más sabia de todas las de su tiempo».

Un gran número de mujeres feudales de su época, y hasta una reina, Leonor de Aquitania, demostraron su gallardía cuando armadas con escudos y espadas, montadas a caballo, formaron pequeñas tropas y se unieron a los cruzados rumbo a Oriente. Participaron activamente en las guerras y como cualquier soldado combatían, sufrían los asedios, defendían las tierras y los castillos. Cuando estas mujeres medievales viajaban estaban siempre expuestas al peligro. Podían ser robadas, violadas o secuestradas. En el *Cantar de Mío Cid* nos recuerdan que las mujeres de la nobleza viajaban «sólo» con la protección de cientos de guerreros para evitar ser atacadas, algo que era muy frecuente.

En 1099 los ejércitos cruzados animados por el papa Urbano II se lanzaron a la reconquista de Jerusalén, con ellos viajaban un buen número de mujeres que acompañaban a sus maridos o prometidos. El asedio de la ciudad duró más de cinco semanas y tuvieron que soportar todo tipo de calamidades como lo recuerda un cronista anónimo: «Durante el sitio a Jerusalén padecimos el tormento de la sed a tal punto que cosimos pieles de bueyes y búfalos en las que llevábamos agua a lo largo de seis millas. El agua que nos daban semejantes recipientes era infecta y tanto como esa agua fétida lo era el pan de la cebada, motivo diario para nosotros de molestia y aflicción.»

Ha habido mujeres soldado y aventureras de raza como la célebre Genevieve Prémoy nacida en 1660 en Francia durante el reinado de Luis XIV que asombró por sus hazañas. Hasta la novena campaña en la que tomó parte no se descubrió su verdadero sexo, por entonces tenía ya el grado de teniente y se hacía llamar «Chevalier Balthasar». El rey, su gran admirador, le concedió audiencias y le condecoró con la insignia de caballero de San Luis. La Balthasar fue famosa en los salones parisienses y tanto su agitada vida privada como sus aventuras militares dieron mucho de que hablar. Y sin ir más lejos, en España, Catalina de Erauso, nuestra «monja Alférez», viajera, exploradora y militar, fue una intrépida aventurera que desafió todas las normas de su tiempo y se convirtió en un personaje de leyenda que representaba, ante todo, el afán de libertad.

La heroína más famosa de la historia, Juana de Arco, en el siglo XV, cabalgó de noche quinientos kilómetros, en once días, sin entrenamiento, desde Vaucoleurs a Chinon. Una auténtica proeza para una joven de diecisiete años que se negó a aceptar una vida de segunda en el campo hilando y cosechando. Juana no había participado antes en una guerra pero para liberar Orleáns del asedio inglés, combatió a caballo, asaltó fortalezas y luchó como el más valiente de sus soldados. Nunca, ni durante su encarcelamiento, aceptó ir vestida como una mujer aunque el día de su muerte le afeitaron la cabeza y la obligaron a ponerse un vestido con el que moriría en la hoguera.

Nuestras antepasadas fueron capaces de llevar a cabo hazañas anónimas que aún sorprenden por su dificultad y riesgo en nuestros días, y lo hicieron en un mundo donde a la mujer se la consideraba en todos los aspectos inferior al hombre. En un mundo donde a las mujeres como Juana de Arco, que desafiaban la norma, se las acusaba de brujería y eran quemadas en la pira. Y a pesar de los riesgos que corrían, llegaron a las más inhóspitas y remotas regiones de la tierra simplemente por curiosidad, para evangelizar o explorar.

III

RELIGIOSAS TROTAMUNDOS

Él me ha enviado a este viaje, así que me siento bastante segura aquí con Jesús.

ANNIE TAYLOR, misionera en el Tíbet, 1884

Peregrino no es sólo aquel que visita por devoción los lugares sagrados para conseguir su salvación, es también el que emprende un viaje a tierras remotas y extrañas para conocerse a sí mismo. Un viaje interior cargado de renuncias que se remonta a los tiempos más antiguos. La palabra en sí evoca un viaje largo, a veces sin rumbo fijo y generalmente en solitario. En 1993 la famosa exploradora Freya Stark murió a la edad de cien años. Fue enterrada en Londres con la medalla de la Orden de San Juan de Jerusalén, que atiende a los viajeros y peregrinos que viajan a Tierra Santa. Y es que Freya había dicho repetidas veces a sus amigos: «Me gusta sentirme en este mundo como una peregrina y una simple residente temporal.» Otra viajera longeva, Alexandra David-Néel, cuando viaja a Ceilán en 1891, escribe en su diario que emprende un «acto religioso», no un viaje de placer. En el barco rumbo al Índico empieza lo que ella denomina su «peregrinación mística» que más tarde la llevaría a las cumbres del Himalaya para alcanzar la ciudad sagrada de Lhasa. «Un alma libre, que desprecia la alegría y el dolor, inaccesible a la codicia terrenal», así se sentía esta singular mujer que encontró en el budismo su razón de ser.

Muchos poetas han escrito que pasamos por el mundo como peregrinos, que la vida no es más que un viaje. Una viajera anónima del siglo XVI escribía en sus notas «no me siento viajera, más bien peregrina en este mundo, quizá porque me gusta ir de aquí para allá ganándole tiempo a la muerte». La escritora francesa Flora Tristán, abuela de Gauguin, confiesa que se siente una peregrina cuando viaja sola a Perú en 1834. Su diario de viaje —un retrato magnífico de la sociedad peruana a mediados del XIX— lo titula *Peregrinaciones de una paria*.

Y fueron otras peregrinas, las devotas religiosas, las primeras viajeras que en la antigüedad se enfrentaron a todo tipo de peligros para llegar a un templo o a una reliquia. Llevadas por la fe emprendieron un viaje largo, costoso y temerario. Estaban expuestas a los ataques de las fieras, los asaltos y las inclemencias del tiempo. Las peregrinas cristianas que mucho antes que las reinas como Leonor de Aquitania recorrieron las calzadas romanas necesitaban de un salvoconducto para moverse libremente por los límites del Imperio. Este documento, reservado para los hombres de Estado, se daba en ocasiones excepcionales a mujeres de la aristocracia o religiosas de rango. Por lo general viajaban acompañadas de un pequeño séquito y disfrutaban de la hospitalidad de los obispos y sacerdotes de las ciudades que encontraban a su paso. En los caminos de la época había hospederías o «postas» donde podían dormir y comer, además de cambiar los caballos.

Las peregrinas preparaban a conciencia sus viajes como cualquier viajero de hoy. Antes de partir se documentaban sobre lo que iban a visitar y solían llevar consigo algunas guías de la época. A lo largo del camino recibían «souvenirs» de los monjes y obispos que encontraban a su paso. Los antiguos inventaron las guías turísticas que en la época romana tuvieron gran éxito entre los viajeros eruditos. Según nos descubre el autor Rafael Vargas-Hidalgo, existían dos tipos de guías, la llamada *Itineraria Adnotata*, que indicaba los caminos, las estaciones para el reposo, las distancias, las cruces y las vías secundarias; y las *Itineraria Picta*, que ilustraban esas informaciones con mapas y agregaban datos orográficos e hidrográficos. En la Edad Media muchas de nuestras peregrinas que visitaban los lugares santos más famosos viajaban con obras como *Mirabilia Romae*, publicada en el siglo XII, que se reeditó innumerables veces a través de los siglos y que contenía todos los detalles de monumentos, reliquias, iglesias y las indulgencias que se podían obtener.

En aquellos tiempos algunos santos como san Jerónimo insistían en que no era la peregrinación en sí y por sí lo que santificaba, sino el tipo de vida que durante el viaje se llevaba. Fue santa Helena, la madre del emperador Constantino, la que puso de «moda» las peregrinaciones a Tierra Santa cuando en el año 326 se dedicó a desenterrar reliquias en los escenarios de la pasión de Jesús y en los lugares bíblicos. Desde todos los rincones del Imperio empezaron a llegar peregrinos de buena fe pero también pícaros y asaltantes sin escrúpulos que no se comportaban con el decoro que se exigía. Algunas mujeres nobles o emparentadas con los emperadores tuvieron un comportamiento escandaloso al viajar a Tierra Santa de forma ostentosa y seguidas de un séquito de esclavos y eunucos. Los autores eclesiásticos, que ya desconfiaban de los peregrinos, lo hacían todavía más de las peregrinas. Un refrán medieval alemán de la época sintetizaba el pensamiento general respecto a este tipo de viajeras: «Peregrina salió, puta volvió». En realidad ridiculizaban a las peregrinas aquellos que no aceptaban que las mujeres pudieran viajar libremente.

Los viajes a los Santos Lugares fueron en sus inicios viajes de conocimiento para los peregrinos. Quizá como dejó escrito una dama germana que peregrinó en la Edad Media a Tierra Santa, «Éste no es viaje cualquiera, es una experiencia existencial, la emoción de llegar a un lugar santo no puede explicarse con palabras».

Aún hoy los peregrinos que como siglos atrás viajan a Roma, Santiago de Compostela o Jerusalén emprenden un viaje interior que les ayuda a conocerse a sí mismos, entender su destino y meditar. La actriz Shirley McLaine, que recorrió como una peregrina más el Camino de Santiago en 1994, escribió en su libro: «Nunca he sido una persona religiosa y siempre he preferido optar por buscar la espiritualidad, así que lo que realmente me interesaba del Camino era la energía de las líneas ley, al igual que el desafío de recorrer a pie 800 kilómetros e ir volviéndome esencialmente vulnerable e indefensa a lo largo del trayecto.» Para esta mujer inquieta y espiritual, al igual que para sus antecesoras reinas, nobles y religiosas, la peregrinación supuso una experiencia mágica y renovadora.

Egeria, la primera viajera

La primera gran viajera de la que se tiene noticia era española y se llamaba Egeria. A finales del siglo IV, cuando el Imperio romano está a punto de derrumbarse, una dama gallega, valiente y curiosa, de posición acomodada, posiblemente abadesa, se pone en camino para venerar los Santos Lugares recién recuperados por santa Helena. La intrépida religiosa viajó durante tres años por todos los parajes bíblicos: Constantinopla, Mesopotamia, Jerusalén, el Sinaí y hasta se aventuró por Egipto. Allá por donde iba los monjes, sacerdotes y obispos la recibían, guiaban y acompañaban como si fuera una celebridad. No le faltaban facilidades para moverse libremente y cuando se adentraba por lugares que podían resultar peligrosos era escoltada por soldados. Los peregrinos cristianos como Egeria pudieron viajar a tan lejanas tierras gracias a la *pax romana* y a la red de calzadas del Imperio Romano. Una red que cubría unos 80.000 kilómetros y atravesaba desde Escocia a Mesopotamia, del Atlántico al mar Rojo, de los Alpes a los Balcanes, del Danubio al Sáhara. Este increíble trazado permitía llegar desde todos los rincones del Imperio al corazón mismo de la metrópoli. Aunque eran viajes largos, costosos y muy duros, las personas de rango que como Egeria disponían de un salvoconducto o pasaporte —imprescindible en la época— tenían garantizada al menos su seguridad. En una de sus cartas escrita en Arabia comenta a sus hermanas: «A partir de este punto despachamos a los soldados que nos habían brindado protección en nombre de la autoridad romana, mientras nos estuvimos moviendo por parajes peligrosos. Pero ahora se trataba de la vía pública de Egipto, que atravesaba la ciudad de Arabia, y que va desde la Tebaida hasta Pelusio, por lo que no era necesario ya incomodar a los soldados.»

Egeria realizó esta peregrinación a Tierra Santa entre los años 381 y 384. Era una mujer culta —sabía griego— y tenía amplios conocimientos geográficos y literarios. Viajaba con la Biblia como guía y visitó todos los lugares santos de rigor desde el sepulcro de Job, al pozo de Raquel y la zarza ardiente de Moisés. En las cartas que escribió a sus hermanas de España en un moderno latín y que forman su libro *Itinerario*, describe con un estilo directo y espontáneo todas sus aventuras por aquellas tierras. Estamos ante el primer libro español de viajes, un magnífico diario donde abundan los detalles y las descripciones de personajes, lugares y liturgias. El libro de Egeria es un documento imprescindible para conocer cómo se vivía en el Oriente Próximo hacia el siglo IV y cómo eran los ritos de la Iglesia cristiana en Jerusalén. En él podemos apreciar la fina ironía de una viajera que no sólo nos habla del significado religioso de su viaje sino también de lo cabezón que era su guía o de lo que le costó escalar el monte Sinaí: «Estas cimas sólo puede uno ganarlas a costa de ingentes esfuerzos, ya que no puedes ascender poco a poco y dando rodeos, en línea de caracol, como suele decirse, sino que tienes que subir derechamente como por una pared, y descender igualmente en línea recta cada uno de aquellos montes antes de llegar al pie mismo de aquel promontorio que se alza en medio de todos los demás y al que se llama Sinaí.»

Carlos Pascual en su libro *El viaje de Egeria* la describe como una viajera «de raza», una adelantada en muchos siglos al espíritu viajero de los descubridores medievales y renacentistas, a los exploradores ilustrados y románticos. Cuando realizó su extraordinario viaje era ya una mujer de mediana edad, observadora, tenaz y curiosa. Una curiosidad que ella misma reconoce en sus relatos «como soy un tanto curiosa quiero verlo todo». Y así lo hizo, no se conforma con recorrer las rutas oficiales y amplía sus itinerarios organizando excursiones sobre la marcha aun a costa de soportar calores, tormentas de arena o fatigosas caminatas. Las cartas de Egeria finalizan en Constantinopla donde no pensaba detenerse mucho tiempo pero al leer sus pensamientos da la impresión de que esta viajera vocacional no tiene ninguna prisa en regresar. En las últimas líneas de su *Itinerario* todavía hace planes para emprender nuevas expediciones por Asia Menor y visitar otros lugares sagrados como el sepulcro de san Juan Evangelista, en Éfeso. No sabemos si regresó alguna vez a su patria o si decidió seguir recorriendo mundo porque ya se sentía enferma. Para Egeria, como para otras muchas mujeres que conoceremos en siglos posteriores, el fin de su viaje no sólo era rezar ante las reliquias que encontraba a su paso, sino aprender, edificarse a través del conocimiento directo, de la experiencia. El viaje como escuela de vida. La suya fue una experiencia ascética, y las dificultades a las que tuvo que enfrentarse una prueba de su fe. De ahí que nunca mencione en sus cartas el peligro o las incomodidades. Egeria debería ser considerada la «patrona» de los viajeros por méritos propios.

Resulta difícil en el siglo XXI entender la magnitud de un viaje como el de Egeria a Oriente y las penalidades que tuvo que afrontar. No existían para los viajeros muchas comodidades en el siglo IV y las distancias que tuvo que recorrer en barco, a caballo y a lomos de camello no eran nada comparadas con las agotadoras marchas a pie y penosas ascensiones. Se requería una gran fortaleza física y moral para salir a recorrer, prácticamente, todo el mundo conocido entonces, deteniéndose sólo ante el peligro y la amenaza de los enemigos del Imperio. En el libro *Mujeres en la Historia de España*, una magnífica enciclopedia biográfica, al referirse a Egeria se dice: «Egeria forma parte de ese pequeño grupo de las llamadas "mujeres viriles" por los autores cristianos, la mayoría de ellas aristócratas, que como Melania la Mayor y Melania la Joven, no fueron sino mujeres que desafiaron los papeles de género tradicionales, que las constreñían al matrimonio y a la reclusión de sus casas.»

Es muy probable que Egeria conociera a la noble Melania la Mayor en su monasterio del Huerto de los Olivos, en Jerusalén. Esta viajera pertenecía a una de las familias hispanas más ricas e importantes del Imperio en el siglo IV y como era habitual en las mujeres de su clase se casó a la edad de trece años con un hombre de alto rango. Tras enviudar a los veinte años y, ante la consternación de su familia, abandonó a su único hijo en manos de un tutor para entregarse a la vida religiosa. Esta mujer enérgica y decidida se embarcó con otras dos damas de la aristocracia hacia Alejandría donde pensaba llevar una vida de ascetismo. Melania sufrió todo tipo de presiones familiares, nadie entendía que una mujer joven, de buena familia, pudiera renunciar a una cómoda vida de matrona romana y dilapidara su dinero viajando a Oriente. Hasta el fin de sus días fue una viajera incansable que se dedicó a recorrer el mundo fundando monasterios. Desde Asia a África pasando por Europa participó activamente en todos los conflictos religiosos que encontraba a su paso. Murió en un monasterio, en Jerusalén, en el año 410 después de una vida llena de aventuras, renuncias y sacrificios. Fue una de las religiosas más notables de su tiempo y una destacable mujer en la época que le tocó vivir.

Hasta el siglo XVI para ser mujer, viajar a la vez y mantenerse respetable una tenía que ser reina o peregrina. Egeria pudo realizar su largo viaje, acompañada de un nutrido séquito seguramente porque era mujer noble y adinerada. En los últimos días del Imperio un buen número de mujeres nobles abandonaron casa y familia y se gastaron todo su patrimonio para visitar los lugares bíblicos. Esto prueba la gran emancipación que alcanzaron las mujeres romanas convertidas al cristianismo entre finales del siglo IV y principios del V. Por desgracia el sueño duró poco, con el derrumbamiento del Imperio y las invasiones bárbaras, los viajes se hicieron cada vez más peligrosos y las autoridades religiosas pusieron freno a esta incipiente libertad femenina.

Valientes peregrinas

«Ningún viaje tiene sentido más trascendente que el que en los siglos oscuros de la Edad Media se comienza a hacer hacia el noroeste español, al sepulcro del apóstol Santiago. Ahora el viaje al más allá es el viaje al finisterre, es decir, a los límites geográficos», escribe Antonio Colinas en un libro sobre el Grand Tour en Italia.

En aquellos remotos tiempos el viaje desde Europa para recorrer el Camino de Santiago podía ser un viaje sin retorno. Los peregrinos que partían lo sabían pero no les importaba, el suyo era un viaje trascendental, era algo más que una visita al sepulcro de un apóstol. En un mundo de penumbras, pestes y guerras buscaban, ante todo, la salvación interior.

En España las primeras viajeras son las peregrinas que recorren el Camino de Santiago. En la Edad Media eran muchos los peligros que acechaban a los que se decidían a recorrer la ruta más antigua y concurrida del Viejo Continente. Robos, asaltos, posaderos deshonestos, violaciones e incluso los asesinatos eran frecuentes. Sabemos que hubo princesas como Ingrid de Suecia que en 1270 recorrió el Camino a pie acompañada de una corte de jóvenes y nobles damas. Sin embargo el modo más usual de peregrinación era realizar el viaje a caballo o en carruajes donde la peregrina podía ir más cómoda sin apenas contacto con el exterior para salvar su honra. Algunas viajaban recluidas en una especie de literas con las cortinas permanentemente cerradas para evitar cualquier tipo de tentación. No existen apenas documentos sobre cómo vivían las peregrinas y cuántas recorrieron el camino que conducía al sepulcro del santo. Por lo general no viajaban nunca solas, cuando se trataba de una dama iban acompañadas por un séquito de caballeros, clérigos y servidores. Si la peregrina pertenecía a las clases inferiores viajaba en compañía de familiares u otras mujeres.

No todas las peregrinas que viajaban eran santas ni mejoraban espiritualmente por hacer un viaje hasta las reliquias del apóstol. En el siglo XIII algunas voces se levantan en contra de la frecuencia de las peregrinaciones de mujeres a Santiago. El franciscano Bertolo de Ratisbona consideraba que las peregrinaciones realizadas por mujeres no eran en absoluto positivas, ya que llevaban consigo más pecados que indulgencias. Pero es en el siglo XV cuando estos alegatos en contra de las peregrinaciones se hacen más frecuentes. Christine de Pisan, nacida en 1365, una de las primeras mujeres que en Francia se ganó la vida como escritora y que se atrevió a reclamar la igualdad de educación para ambos sexos, consideraba sin embargo que las amas de casa debían salir poco de su hogar y no ir a las romerías para evitar gastos innecesarios.

En aquellos tiempos las mujeres que no eran ni reinas ni religiosas tenían una vida más bien restringida. Las jornadas, largas y agotadoras para la mujer, incluían lavar la ropa, moler grano, cosechar, tejer, atender al marido y a los hijos. Así ocupaban su tiempo y envejecían con rapidez. Estas mujeres estaban excluidas de la guerra, la filosofía o el estudio de los libros sagrados. Las peregrinaciones suponían para ellas una suerte de liberación, con la excusa de visitar los Santos Lugares, venerar alguna reliquia o cumplir una promesa podían recorrer mundo viviendo nuevas y enriquecedoras experiencias.

Por las crónicas de la época sabemos que en España algunas mujeres de la familia real, no contentas con la peregrinación a Santiago se atrevieron a ir más lejos, a Roma, e incluso a Tierra Santa. Así lo hizo Sancha Raimúndez, hermana de Alfonso VII, que dedicó su vida de soltera al «culto de las iglesias, fundar monasterios y socorrer a pobres». Fue ésta una mujer excepcional en su tiempo no sólo por elegir la soltería como forma de vida y dedicarse por entero a la caridad sino porque se convirtió en consejera y mediadora política de su hermano el emperador. Cuando Alfonso VII fue proclamado rey ordenó a su hermana Sancha que se sentara con él en el trono y a su corte que la consideraran reina. «Todo lo que hacía el rey lo consultaba primero con su hermana... cuyo juicio era recto y sus consejos al emperador siempre prudentes, acertados y provechosos», según comenta el autor de la *Chronica Adefonsi Imperatoris*.

De las pocas peregrinas medievales que nos han dejado un testimonio de la época destaca por su peculiar personalidad Margery Kempe, que hacia 1400 escribió la primera autobiografía en lengua inglesa. El documento original se guarda en la Biblioteca Británica y es una narración de sus viajes a través de Inglaterra y a los principales altares de la cristiandad: Jerusalén, Roma y Santiago de Compostela. Margery, antes de convertirse en una aventurera peregrina, había sido una tranquila ama de casa, madre de trece hijos y amante esposa de un mercader. Unas revelaciones místicas —llegó a decir que se le había aparecido Cristo— le animaron a viajar a los Santos Lugares hacia 1413. Si recorrer el polvoriento camino del apóstol a pie o a caballo ya era una dura experiencia, llegar a Santiago por mar desde Bristol tampoco era muy confortable y seguro. Margery, que embarcó sola, cuenta en sus diarios que el trato que recibió durante la travesía no fue muy agradable, ya que se le advirtió que en caso de tempestad sería arrojada por la borda, siguiendo la costumbre que se recoge en el Fuero Real de Alfonso X de tirar la carga por la borda en momentos de peligro. A lo mejor tan sólo fue una amenaza del capitán ante los frecuentes ataques de histeria que sufría la peregrina inglesa cada vez que tenía una visión. En sus relatos confiesa con franqueza que en ocasiones era abandonada en sus viajes por sus compañeros que consideraban su comportamiento de lo más excéntrico y no deseaban estar con ella «ni por cien libras». Aun así esta singular viajera llegó en nombre de Dios donde se propuso y le dio tiempo a dejar constancia por escrito de todos los detalles de su agitada vida espiritual.

Las primeras hazañas viajeras de las que tenemos noticia las protagonizaron religiosas cultas, curiosas y valientes. Desde la antigüedad las mujeres con inquietudes se hacían religiosas porque en el convento podían estudiar, aprender y gozar de una libertad que no tenían fuera. Nuestras antecesoras por el hecho de ser mujer no tenían acceso a la educación y mucho menos a la libertad de movimiento. Hablar de viajar sola fuera de los límites del hogar era algo impensable y en la práctica bastante complicado.

Monjas, peregrinas, reinas y nobles fueron las auténticas pioneras. Tras el hábito, la armadura o el manto real se escondían mujeres rebeldes, curiosas, valientes o fanáticas, que no se conformaron con el papel que les asignaron y que nunca aceptaron ser inferiores al hombre tal como proclamaban los «sabios» de la época.

Monjas de armas tomar

Si Egeria fue la primera viajera española que conocemos, otra religiosa se convirtió en una intrépida aventurera y rompió con todos los estereotipos femeninos del siglo XVII. Catalina de Erauso, nacida en San Sebastián en 1592 y apodada «la monja Alférez» llevó una vida impensable para una mujer de su tiempo. A los cuatro años ingresó en un convento de monjas dominicas y aprendió latín y euskera, dos lenguas que le ayudarían en sus viajes. Pero la vida monacal no iba con ella y a los once años decidió escapar y se vistió de hombre para despistar a la Inquisición. Como otras mujeres, se planteó viajar a las Indias y participar en la Conquista para salir de la miseria. Tenía trece años cuando se embarcó como grumete en un galeón que partía hacia América. La travesía del Atlántico en aquella época era extremadamente dura pero Catalina, que seguía disfrazada de hombre, soportó la navegación con gran valentía. El viaje al Nuevo Mundo en 1605 era una gran proeza y sólo los marinos más expertos se atrevían a cruzar esos mares llenos de peligros que un siglo antes habían recorrido las naves de Colón.

En Lima se alistó como soldado en el ejército y en Chile luchó —cuentan, con extrema crueldad— contra los indios araucanos y fue nombrada alférez. En su autobiografía escribe: «Senté plaza de soldado y recibí luego doscientos ochenta pesos que me dieron de sueldo, porque era mi inclinación andar y ver mundo.»

En el único retrato que se conserva de ella realizado por el pintor Pacheco en 1630 se ve a una mujer vestida con golilla y alzacuellos de hierro que parece un hombre. Los escritores de la época la describen como «alta, demasiado fuerte, sin senos; quitándole las ropas masculinas, más parecida a un castrado que a una hembra». Catalina, que fue una mujer adelantada a su tiempo, no dudó en confesar abiertamente su inclinación hacia las mujeres. Los médicos de su época obligados a encasillar un comportamiento que se salía de la norma, la catalogaron como hermafrodita. El secreto sobre su orientación sexual se lo llevó a la tumba y acrecentó su leyenda. Catalina nunca aceptó su condición de mujer porque era consciente de que en esa época significaba limitar su libertad por la que tanto luchó.

Sólo cuando fue herida de gravedad en Cuzco confesó su verdadero sexo al obispo que incrédulo encargó a unas comadronas que la reconocieran. La noticia corrió por toda América Latina y cuando regresó a España en 1624 fue recibida como una heroína y aclamada por las multitudes. Todos querían conocerla, incluso el rey Felipe IV quien le concedió una pensión de 800 escudos en pago a sus servicios. En Roma el papa Urbano VIII, que admiraba su valor, le permitió seguir vistiendo como un hombre hasta el final de sus días desoyendo las críticas. Catalina que tenía otras ambiciones solicitó en Nápoles el mando de una compañía como capitán, pero le fue denegado. Tampoco vio cumplido otro de sus sueños, ingresar en la Orden de Malta. Cuando regresó de nuevo a América su rastro se pierde en Veracruz, México. No se sabe con certeza si fue asesinada o cansada de vagar por el mundo sentó la cabeza.

Pero la monja Alférez no sólo participó en duelos y asaltos, también protagonizó alguna proeza digna de mención. Porque uno de los episodios más fantásticos en la vida de esta monja trotamundos es su huida y travesía por los Andes cuando ya era alférez de Su Majestad. Seguramente fue la primera mujer que consiguió sobrevivir a tal hazaña. Viajó sola días y días huyendo de los bandidos, cansada, sin apenas agua y comida hasta el extremo que tuvo que matar a su caballo para sobrevivir. Soportando temperaturas bajísimas y abriéndose paso entre la nieve, consiguió llegar a Tucumán, en Argentina.

Catalina vivió muy deprisa e intensamente en una época donde el honor era sagrado y vengarlo una obligación. Para entender su comportamiento hay que trasladarse a la América colonial donde los duelos, las heroicidades, los amoríos estaban a la orden del día. Hay quien dice que nuestra monja Alférez fue el aventurero más vividor y aguerrido de su tiempo; en sus memorias resumió así su vida: «Me embarqué, me alisté, maté, herí, maleé y correteé.»

Misioneras en el Tíbet

Después de las peregrinas fueron las misioneras quienes se adentraron en regiones catalogadas en los mapas como «terra incógnita». Por lo general eran mujeres solteras y religiosas fanáticas, o casadas con misioneros, que eligieron llevar la palabra de Dios a los lugares más remotos de la tierra sin tener en cuenta riesgos ni prohibiciones. No eran exploradoras pero había que tener valor para viajar —en ocasiones con sus hijos de pocos meses en brazos— en las condiciones en que ellas lo hicieron.

En el siglo XVI el Tíbet y el Nepal era una región misteriosa y desconocida que encendía la imaginación de los viajeros europeos. Una leyenda muy difundida hablaba de la existencia de una primitiva comunidad cristiana en el corazón del País de las Nieves. A partir del siglo XVII numerosos misioneros jesuitas y más tarde capuchinos, llevados por la curiosidad, intentaron penetrar en el Tíbet a través de Nepal. A lo largo de sus travesías se enfrentaron a todo tipo de peligros, privaciones y martirios. Nada se supo de aquellos cristianos perdidos que seguramente los mercaderes musulmanes confundieron con los lamas.

Un valiente jesuita, Antonio de Andrade, partió en 1624 dispuesto a encontrar a los cristianos de la leyenda. En compañía de un grupo de peregrinos hindúes fue el primer europeo en adentrarse en las cumbres del Himalaya. Cuando dos años después publicó una breve crónica de su viaje no imaginaba el revuelo que iba a armar en Occidente. Se abría un nuevo mundo para la exploración.

Los primeros europeos que llegaron a Lhasa, y que dejaron una relación de su viaje, fueron los jesuitas Grüber y Albert d'Orville, que penetraron en el Tíbet a su regreso de China por la ruta de Sining y vivieron allí dos largos meses. Partieron el 13 de abril de 1661 de Pekín y llegaron el 8 de octubre a Lhasa por las vías de las caravanas. Fue una proeza extraordinaria en su época logrando sobrevivir a las bajas temperaturas, las tormentas de nieve, el ataque de animales salvajes, y la falta de alimentos.

Los jesuitas de Pekín hacia 1717 realizaron uno de los mapas de China más precisos que comprendía la región del Tíbet, lo que animó a muchos viajeros posteriores a recorrer estos parajes que ya describiera Marco Polo. En 1724 el aventurero holandés Van der Putte fue el primer laico en explorar estas ignotas tierras. En 1846, los padres lazaristas Huc y Gabet cierran la serie de viajeros que llegaron a Lhasa. Después de ellos los que lo intentaban eran detenidos y devueltos a casa.

A finales del siglo XIX, la edad dorada de los viajes misioneros, muchas mujeres se jugaron la vida en remotas regiones para extender la palabra de Dios. Algunas no llegaron a sobrevivir y murieron en el camino rumbo a una isla de los mares del Sur o al corazón del África ecuatorial. Otras perdieron a sus hijos o a sus maridos, asesinados brutalmente por bandidos, en China o el Tíbet, debiendo regresar solas a Inglaterra tras meses de dura travesía.

A las que estaban casadas se les facilitaba el transporte para reunirse con sus maridos en alguna perdida misión, aunque más de una, abandonada a su suerte por los porteadores, se quedara completamente sola en las selvas de Gabón o Borneo. Cualesquiera que fueran los problemas siempre se las ingeniaban para llegar a su destino, ya fuera en improvisadas carretas, a lomos de yak, de camello o a pie. La cuestión era llegar en el menor tiempo posible, viajando de noche para evitar las bandas de salteadores e intentando pasar desapercibidas. Las señoritas Mildred Cable y Francesca French, valientes misioneras y empedernidas viajeras, nos cuentan en sus relatos las penurias de aquellas penosas travesías pero siempre salpican las descripciones con unas notas de humor. Mary Kingsley, que en su viaje al África occidental conoció a buen número de misioneras, reconoció que la dureza de sus vidas no era comparable a la que llevaban las viajeras, que como ella, iban de paso: «Realmente a mí me resultaba todo más fácil que al resto de las mujeres de los misioneros en su vida cotidiana en la selva. Si alguna vez llegaba al extremo de quejarme sobre lo fatigoso que resultaban mis correrías, me avergonzaba pensando lo que mujeres como Mary Slessor en Okoyong, madame Forget en Talaguga y madame Jacot en Lambarene tenían que rea-lizar diariamente.»

Otras célebres viajeras recorrerían en años posteriores estas mismas rutas frecuentadas por las misioneras: Isabella Bird viajaría a Cachemira interesada por el budismo y Alexandra David-Néel entraría disfrazada de peregrina en la ciudad santa de Lhasa.

«Los diablos extranjeros»

Annie Taylor, nacida en 1855, fue la primera europea en entrar en el territorio prohibido del Tíbet y la que más se aproximó a su capital Lhasa. Veinte años antes que Alexandra David-Néel, esta misionera inglesa, de estricta moral y bastante fanática, partió rumbo a China en 1884, convencida de que Dios la estaba poniendo a prueba y por ello la mandaba al «país más inhóspito del mundo». Tiene por entonces treinta y seis años y entre sus sueños está el conseguir que el Dalai Lama lea la Biblia y se convierta al catolicismo. Durante siete años Annie vivió en la frontera entre el Tíbet, China y Sikkim, preparándose a conciencia para su entrada en Lhasa. Aprende el lenguaje y las costumbres locales y vive entre lamas y tibetanos que la aceptan como una mujer algo excéntrica.

Miss Taylor, a diferencia de otras viajeras que se sentirán fascinadas por esta mítica región, critica en sus libros la religiosidad de los tibetanos a los que llega a compadecer: «Pobrecitos ignorantes, qué van a saber ellos si nadie les ha hablado nunca de Jesús».

En 1892 la intrépida misionera se siente preparada para llevar a cabo su arriesgada misión. Aprovechando que un comerciante chino llamado Noga está a punto de partir con su mujer a Lhasa, le convence para que sea su guía. Así, acompañada además de un fiel criado tibetano convertido al cristianismo, comienza su peligrosa travesía. El viaje es muy duro, el invierno se acerca, las temperaturas son extremas, los ríos están ya helados y les acosan los bandidos. Annie se va quedando cada vez más sola en medio de una naturaleza imponente y hostil. Su caballo muere agotado y lo peor es que la comida escasea y los yaks apenas se tienen en pie. A pesar de todo la tenaz misionera no pierde las esperanzas y ante las adversidades se siente cada vez más fuerte. Incluso se ve con ánimos de celebrar el día de Navidad y preparar un pastel a su atónita comitiva. Cuando le faltan cuatro días para llegar a la ciudad de Lhasa, y tras recorrer más de dos mil kilómetros, es detenida por oficiales tibetanos. Su guía y acompañante la han traicionado tras siete meses de penoso viaje. Annie es obligada a regresar a China por una escolta militar. Pero la dama no se dio por vencida, en lugar de regresar a Inglaterra se instaló a vivir en la aldea de Yautung, en la frontera entre el Tíbet y Sikkim donde permaneció hasta 1909 cuando ya enferma y sin fuerzas para continuar su labor decidió regresar a su país.

Annie Taylor, que fundó en Inglaterra la llamada Misión de los Pioneros Tibetanos, animó a otras misioneras a seguir su camino aunque no todas tuvieron la suerte de salir con vida como ella. El matrimonio Rijnhart viajó a China para extender la palabra de Dios como todos sus antecesores. La señora Susie Rijnhart regresó sola a Inglaterra después de sufrir la pérdida de su hijo recién nacido y la de su marido que murió asesinado por bandidos tibetanos.

Susie Carson nació en Canadá en 1868, era médico y se casó con el misionero holandés Petrus con el que compartía sus creencias y estilo de vida austero. Hacia 1895 la pareja se trasladó a Lusar, muy cerca del monasterio de Kum-Bum en la frontera entre China y el Tíbet con la intención de abrir un dispensario y predicar. Alexandra David-Néel recorrió este mismo lugar en 1918 y se alojó un mes en este monasterio que describe con estas evocadoras palabras: «El silencio que reina en los templos es una delicia después de tanto tiempo viviendo entre el ruido. En Kum-Bum, repartidos en los distintos templos, viven unos tres mil ochocientos lamas, pero un completo silencio envuelve los edificios escalonados en las laderas de dos montañas que rodean un estrecho valle.»

Sus primeros años en China fueron duros pero felices, al menos así lo explica Susie en uno de sus libros donde narra la experiencia de aquellos cuatro años en el Tíbet. Según ella tanto los chinos como los tibetanos y mongoles les apreciaban y respetaban su trabajo en el dispensario donde tenían que sanar enfermos sin apenas medicamentos ni medios a su alcance. En 1898, como años antes hiciera Annie Taylor, la pareja emprende un peligroso viaje al interior del Tíbet por orden de su comunidad. Ahora el viaje es más complicado porque viajan con su hijo de pocos meses, nacido durante su estancia en China. No se plantean los riesgos del viaje, están acostumbrados a recorrer tierras inhóspitas y a sobrevivir a muchas dificultades. Así que organizan una pequeña expedición para llegar a Lhasa. Si hubieran logrado su objetivo se hubieran convertido en los primeros occidentales en visitar la capital sagrada, desde los tiempos de los jesuitas. Pero el destino quiso que, como la señorita Taylor, nunca pudieran llegar a la capital del País de las Nieves. Llevaban tres meses de viaje y estaban muy cerca de la ciudad pero las cosas empezaron a complicarse. En pocos días se sucedieron las desgracias, los porteadores les robaron los caballos y huyeron y su hijo se puso enfermo y murió repentinamente. Como en otros casos fueron detenidos por oficiales tibetanos que en lugar de asesinarlos les permitieron regresar a China. Un viaje infernal, como recuerda

Susie, cansados, desmoralizados, tuvieron que soportar hambre, tormentas de nieve, hasta que llegaron a las cercanías del monasterio de Tashi Gompa, a unos 800 kilómetros de la frontera. Se perdieron y acamparon junto a un río frente a un pequeño pueblo de tiendas, donde esperaban encontrar ayuda.

Cuando al día siguiente el misionero cruzó el río en busca de auxilio, Susie ignoraba que no volvería a ver con vida a su marido. Lo que sigue es una de las historias más dramáticas de la época de las misiones en el Tíbet. Petrus fue asesinado por un grupo de bandidos y su esposa, sola y aterrorizada, consiguió sacar fuerzas para emprender el camino de regreso a China. Durante dos meses viajó de misión en misión, a lomos de yak, hasta que llegó a la estación de misioneros de Ta-Chien-Lu. Pero sus aventuras no acabaron aquí. Susie regresó a Canadá donde se casó con otro ferviente misionero. Juntos viajaron de nuevo al Tíbet, donde la misionera había perdido a sus dos seres más queridos. Allí, en 1908, Susie tuvo otro hijo pero tras el alumbramiento falleció sin que su marido pudiera hacer nada por salvarla.

Junto con Annie Taylor, el trío de misioneras más célebres del siglo XX fueron sin duda Mildred Cable, Evangeline y Francesca French, que trabajaron como sus antecesoras en las misiones de China y se pasaron la vida viajando de aquí para allá con la excusa de llevar la palabra de Dios. En las regiones del Turquestán chino las apodaban los «tres diablos extranjeros con gafas».

La primera en llegar a China fue la francesa Evangeline que tras permanecer un tiempo en la región tuvo que huir en 1901 a Inglaterra debido a las sangrientas revueltas sociales. El viaje desde Kie-Hiu hasta Han Kow lo hizo a lomos de un caballo en menos de un mes. A pesar de las dificultades que encontró, Evangeline regresó a China el mismo año, en compañía de Mildred Cable y su hermana Francesca French se unió al grupo tras la muerte de su madre en 1909. Juntas fundaron colegios en la provincia noroeste de Shanxi y fue allí donde a partir de 1926 emprendieron sus extraordinarios viajes evangelizadores por todo el mundo. Cinco veces cruzaron el desierto de Gobi, en Mongolia, viajando con frecuencia de noche y siempre a pie. O en dos carretas que ellas mismas se construyeron y bautizaron con humor como «El Expreso de Gobi» y «El Turco Volador». No es difícil imaginar la impresión que causaban allá por donde iban estas tres mujeres de mediana edad vestidas con ropas chinas, armadas con un cargamento de Biblias y un armonio. No sabemos cómo consiguieron sobrevivir al hambre, los asaltos y el cansancio. Hasta el final de sus días visitaron sus remotas misiones en Nueva Zelanda, Australia y la India y tres años más tarde llegaron a América del Sur, para entonces rondaban los ochenta años.

Las señoras Evans y Cheevers, dos cuáqueras emprendedoras, fueron las primeras misioneras en escribir relatos de sus viajes. Gracias a sus testimonios sabemos lo que sufrieron para llevar a cabo su labor evangelizadora. Fueron encarceladas por la Inquisición al llegar a la isla de Malta en su camino hacia Alejandría en 1658 y en el testimonio que publicaron poco después de su huida a Inglaterra advertían que viajar era muy peligroso para las mujeres, incluso si se llevaba a Dios como compañero.

«Si quieres que te ayuden los misioneros, llévate un jamón.» La frase así de contundente me la dijo un amigo español que vivía en Guatemala, cuando se enteró de que iba a recorrer las aldeas de las tierras altas para fotografiar los textiles mayas. No sé si me lo dijo en broma pero yo me lo tomé muy en serio y antes de seguir mi viaje rumbo a las montañas de los Cuchumatanes me detuve en la ciudad de Quetzaltenango donde unos asturianos tenían una carnicería y vendían embutidos. Compré un magnífico jamón y me puse en marcha para intentar llegar antes de anochecer a la aldea mame de Todos Santos. Llevábamos varias horas de viaje cuando salieron de ambos lados de la carretera unos soldados armados pidiendo que detuviéramos el coche. Mi chófer, Manuel, algo nervioso —en aquella época los enfrentamientos entre la guerrilla y el ejército estaban a la orden del día— me pidió dos cosas, que no dijera que era periodista (algo que saltaba a la vista) y que le dejara hablar a él. Nos hicieron bajar del coche, eran cinco jóvenes que sólo querían inspeccionar el vehículo. Al abrir el maletero revolvieron entre el equipaje y lo único que les llamó la atención fue mi hermoso jamón envuelto en papel de regalo. Uno de los soldados lo cogió y yo lo agarré por la pata intentando que no se llevaran mi bien más preciado. Manuel, cada vez más nervioso, me imploró que les diera lo que me pedían. Al final se salieron con la suya, nos despidieron con amabilidad y desaparecieron en el bosque. Cuando llegué a la aldea y pedí alojamiento en la misión de un padre evangélico éste me aseguró que no tenía sitio en su casa y que sólo podía ofrecerme una camilla en el dispensario. Entonces le dije muy seria a Manuel que con el jamón nos hubiera alojado sin miramientos. Él sólo me respondió: «Seño, mejor dormir en la enfermería que no en el cementerio.»

IV

EL SUEÑO DE AMÉRICA

Es saludable consejo que todo hombre que quiera entrar en la mar, ora sea en nao ora sea en galera, se confiese y se comulgue y se encomiende a Dios como bueno y fiel cristiano; porque tan en ventura lleva el mareante la vida como el que entra en una aplazada batalla.

Fray Antonio de Guevara, 1539

Poco imaginaba Manuela Sáenz, nacida en Quito hacia 1797, que su nombre estaría unido a una de las grandes gestas de la historia americana. Su madre la metió a estudiar en un convento para distanciarla del furor revolucionario que vivía su país. Como era de esperar huyó, viajó primero a Panamá y luego a Lima donde se casó con un médico inglés. Lo que sigue es una vida llena de aventuras, pasiones y peligros. Al conocer a Simón Bolívar se convirtió en su amante —siempre según los cronistas— y colaboró activamente en sus campañas de liberación. Fue condecorada con la Orden del Sol, hizo una entrada triunfal en Quito y siguió fielmente a Bolívar a quien salvó la vida en más de una ocasión. Cuando murió en 1856, fue llamada «la Libertadora del Libertador» y se convirtió en un personaje de leyenda en América del Sur. Su reconocimiento, por parte de la historia, fue excepcional.

Manuela no fue la única mujer que participó «en cuerpo y alma» en aquellas y otras gestas históricas. El problema es que

muy pocas heroínas como ella dejaron por escrito sus aventuras. La mayoría eran analfabetas y algunas aprendieron a leer
y a escribir en el campo de batalla. Tampoco debieron encontrar mucho tiempo para redactar sus diarios tratando de sobrevivir a todo tipo de peligros.

Las hazañas que protagonizaron estas mujeres nos han
llegado a través de las crónicas de su época. Seguramente
fueron mujeres bastante más excepciónales de lo que nos
cuentan. Por desgracia sabemos poco de lo que pensaban, de
cómo se las ingeniaban para vivir en un medio tan hostil o lo
que para ellas suponía viajar por mares remotos. Sabemos eso
sí de sus amoríos, infidelidades y hermosura porque sólo en
estos detalles se fijaron sus biógrafos. Cuando los historiado-
res se refieren a ellas utilizan los adjetivos de cortesana, infiel,
aventurera o fogosa. Los hombres que actuaron de forma
idéntica nunca sufren descalificaciones de carácter moral. Por
este motivo, hay que acercarse en lo posible a las autobiogra-
fías y a los escasos diarios íntimos que escribieron de su puño
y letra.

Tradicionalmente el ser un pionero ha sido una labor peligrosa reservada exclusivamente a los hombres; no había espacio para las mujeres en los galeones, en las guerras ni en las
caravanas que partían en busca de fortuna y conocimiento.
Sin embargo cuando buceamos en la historia encontramos
mujeres sorprendentes, guerreras, piratas, conquistadoras y
hasta almirantes. Algunas embarcaron disfrazadas de hombre, generalmente como grumetes o soldados, y sólo cuando
fueron heridas o juzgadas por una falta se descubrió su verdadera identidad.

Los viajeros de los siglos XVI y XVII cargaron con la responsabilidad de navegar misteriosos mares, cartografiar tierras ignotas y atravesar nuevos continentes para sus patro-
nos. Y lo tenían que hacer a bordo de pesadas naves «poco
aptas para descubrir», como reconoció el propio Colón, y con
rudimentarios aparatos de medición. En aquellos tiempos
navegar era un acto heroico, se cruzaban los océanos a mer-
ced de los vientos o de la fuerza de los remeros cuando eran

naves más livianas como las galeras. Los barcos de vapor no harían su aparición hasta principios del siglo XIX, así que atentos al curso de los alisios, las corrientes marinas y las profundidades del mar, tenía su mérito llegar a destino. Los capitanes se guiaban sobre todo por su intuición para no perder rumbo; las cartas marinas del Nuevo Mundo aún no habían sido trazadas.

En la historia oficial todas las grandes hazañas y gestas las han protagonizado los hombres. ¿No merece acaso un lugar en la historia, por ejemplo, María Pérez, heroína castellana del siglo XII que combatió, vestida de hombre, contra los musulmanes y los aragoneses? Las crónicas nos cuentan que guerreó con valor junto a sus hermanos, luchó contra los musulmanes y tomó partido por su reina, Urraca de Castilla. Por si fuera poco, combatió contra los aragoneses y retó y desarmó al rey de Aragón, Alfonso I el Batallador, en los campos de Barahona. Cuando se conoció su verdadero sexo, fue designada con el apodo de La Varona y dejó las armas al casarse con un infante y fundar una familia.

Rumbo al Nuevo Mundo

Muy poco se sabe de las mujeres conquistadoras pero las hubo y llevaron una vida excepcional para su época. Algunas eran jóvenes y valientes, otras maduras e inexpertas, unas huían del hambre, otras amaban la aventura. Ninguna imaginaba al embarcar con lo que iba a encontrarse y seguramente ni se les pasó por la cabeza que tendrían que luchar como un soldado. Y sin embargo, soportaron meses de navegación, enfermedades, motines, hambre y violaciones. No sólo sobrevivieron a las duras travesías, al llegar a tierra firme, lucharon, reconstruyeron ciudades, fundaron iglesias y hospitales.

En el siglo XV tuvo lugar uno de los descubrimientos más fantásticos de la historia, el Nuevo Mundo. Miles de hombres armados con la espada y la cruz partieron rumbo a terri-

torios inexplorados y cargados de leyendas. En apenas treinta años, entre 1492 y 1522 se trazaría la geografía del Atlántico y la del Caribe. Todas las noticias que llegaban del Nuevo Mundo hablaban de bellas amazonas, seres mitológicos
e indios emplumados. Estos asombrosos descubrimientos
animaron a muchos navegantes, comerciantes y aventureros a cruzar los mares bravíos para hacer fortuna. Muchas
mujeres, solteras y casadas, animadas por la expectativa de
una vida mejor, decidieron embarcar rumbo a la tierra pro-
metida.

Porque las fábulas y leyendas que hablaban de las riquezas
del Nuevo Mundo también hicieron volar la imaginación de
estas mujeres. Los soldados que regresaban de aquellas exóticas tierras aseguraban que existía una ciudad construida con
oro puro llamada Quivira y que en el corazón de Venezuela estaba El Dorado, un país en el que abundaban las riquezas. En
realidad los quiviras eran indios nómadas que se dedicaban a
la caza del búfalo y en la región de la entonces denominada
Nueva Granada no había oro. El Dorado no era más que una
leyenda que hablaba de un poderoso cacique chibcha que se
cubría de polvo de oro durante la ceremonia ritual del baño
sagrado. Pero eso lo supieron nuestras aventureras al llegar a
tierra firme; mientras, el sueño de prosperar y hacer fortuna les
hacía olvidar la dura travesía.

Por aquella época no existían guías de viaje que recomen-
dasen cómo había que viajar a las Indias. Pero en 1539 cir-
culaba un curioso y esclarecedor libro titulado *Libro de los
inventores del arte del marear y de muchos trabajos que se pasan en las galeras*, de fray Antonio de Guevara. En esta obra
su autor da innumerables consejos de lo que hay que llevar
de equipaje en un viaje transatlántico. Así recomienda, además de hacer el testamento y encomendar el alma a Dios,
viajar con ropa de abrigo, colchón fino y mantas, provisiones
para dos meses como bizcocho blando, cecina o queso, ga-
llinas, algún barril de vino blanco, cacharros para cocinar,
baúles bien herméticos para guardar la ropa y perfume para
soportar el hedor de las letrinas. Nuestras viajeras al Nuevo

Mundo llevaban consigo cerca de una tonelada de carga, entre baúles, sacos, cajas, objetos personales y toneles de agua o vino.

En este siglo XXI sobrevolamos en avión los océanos, y viajamos en apenas doce o catorce horas a América. No podemos ni imaginar el infierno que suponía navegar estas distancias en la época de los conquistadores. Si muchos marineros expertos no conseguían sobrevivir a viajes que en ocasiones demoraban dos o tres meses, pensemos lo que debieron sufrir unas mujeres que no estaban acostumbradas a navegar. La mayoría era la primera vez que embarcaba en una goleta y que abandonaba su país. Resulta sorprendente cómo consiguieron adaptarse a las durísimas condiciones de la vida marítima de entonces. Pensemos cómo eran aquellos viajes a bordo de naos o galeones, cargados de gente y animales, durmiendo hacinados en diminutos camarotes, aguantando el frío, la humedad, la falta de higiene y el terrible hedor. Pensemos en la escasez de alimentos y de agua potable, los ataques piratas, las tormentas, la pérdida de rumbo, los amotinamientos y el riesgo de enfermedades. La presencia de piratas era lo que más temían las viajeras pues además de robar lo que hubiera de valor en el barco, raptaban a las mujeres y abusaban de ellas.

Huracanes, pestes, plagas de ratas, escorbuto, hambre... la lista de males era interminable pero no amedrentaba a nuestras valientes viajeras. En los relatos que nos han llegado de aquellos sufridos pasajeros, hay testimonios, como el de Eugenio de Salazar, que hablan por sí solos: «Todo lo que se come en la nao es corrompido y hediondo, como el mabonto de los negros zapes. Y aun con el agua es menester perder los sentidos del gusto y olfato y vista por beberla y no sentirla.» Los cronistas cuentan que en los siglos XVI y XVII, la fetidez anunciaba la llegada de un navío mucho antes de ser avistado. Las pulgas, los piojos y otros parásitos pululaban a sus anchas y los que no se veían, los intestinales, eran aun más peligrosos, como cuenta Rafael Vargas-Hidalgo, en su delicioso libro de anécdotas viajeras *El breviario del vagabundo*.

Mujeres piratas

En aquellos tiempos de conquistas los piratas sembraban el terror entre los navegantes y exploradores. Era conocida su ferocidad, robaban, secuestraban y cuando asaltaban un puerto asesinaban a la población y lo destruían todo. Claro que los españoles se defendían de ellos con suma crueldad, la lista de castigos y torturas que les aplicaban resulta espeluznante. En el libro del historiador Jose Luis Martínez, acerca de los viajes transatlánticos en el siglo XVI ilustra con algunas citas muy descriptivas lo que les esperaba a los piratas si eran apresados: «Los españoles en las Antillas capturaron dos barcos ingleses, les cortaron las manos, pies, narices y orejas a las tripulaciones, les untaron miel y los abandonaron, después de amarrarlos a los árboles, para que las moscas y otros insectos los torturasen.»

Anne Boney y Mary Read, las dos mujeres piratas más famosas de la historia, conocían bien estos crueles castigos que a veces se agilizaban con la horca. Y aun así se convirtieron en temidos filibusteros llevando una vida propia de las heroínas del cine de aventuras. Los datos esenciales de sus biografías se encuentran en la famosa *Historia general de los robos y asesinatos cometidos por los piratas más notorios, así como de sus ordenanzas, disciplina y gobierno, desde 1717 al presente año 1724.* Un libro tan extenso como su título escrito por un tal capitán Charles Johnson que al parecer también fue pirata.

La inglesa Mary Read nació en Londres a finales del siglo XVII y desde niña fue educada como un muchacho. A los trece años se convirtió en lacayo de una dama francesa. Cansada pronto de servir, se alistó en un barco de guerra ocultando su verdadero sexo. Tras un tiempo desertó para alistarse como un soldado más en el regimiento de infantería de Flandes y luchó contra los franceses. De la infantería pasó a la caballería y se enamoró entonces de uno de sus compañeros de armas al que desveló su verdadera identidad. El joven holandés la presionó para que dejara su uniforme y volviera a vestir como una mujer para casarse con él. La pareja abandonó las guerras y abrió una taberna en Breda llamada Las Tres Herraduras pero la felicidad duró bien poco. Al morir su esposo volvió a las correrías y embarcó en una fragata vestida de nuevo como un hombre rumbo a las Indias Occidentales. Quiso el destino que su barco fuera capturado por el famoso corsario John Rackman y Mary decidió unirse a su tripulación. Vivió largos años como pirata, hasta que fue apresada por los ingleses cuando ya era una leyenda.

La historia de la irlandesa Anne no es menos excepcional que la de Mary; valiente y audaz como ella sus aventuras militares fueron notables. Hija ilegítima de un procurador del condado de York ya de joven demostró su carácter sanguinario en disputas y reyertas. También enamorada de un pirata embarcó con su amado vestida de hombre. Engañó a todos por sus formas viriles y el valor que demostró en el combate. El historiador Rafael Abella escribe que Anne fue amante del pirata Rackman al igual que Mary Read. Ambas, que seguían ocultando su verdadera identidad y viajaban en el mismo barco, terminaron por aceptar este *ménage à trois* que escandalizó a la sociedad de la época. En el proceso que se les siguió cuando fueron detenidas en 1720 ambas descubrieron su verdadera identidad. Era una situación insólita, la primera vez que dos mujeres eran juzgadas por piratería y el castigo era la horca. Mary se salvó alegando que estaba embarazada y pasó sus últimos años en una prisión de Jamaica. Anne murió como el resto de sus compañeros, no sin antes echarle en cara al famoso pirata Rackman «que si se hubiera batido como un hombre no hubiera muerto como un perro».

Existe poca documentación sobre las mujeres que se unieron a piratas y corsarios en tiempos anteriores a la conquista. Pero en el siglo IX se tiene noticia de una mujer llamada Alvilde, hija de Syward, rey de Gothia, que pasó su infancia en una torre custodiada por dos serpientes para evitar ser raptada. Se sabe que huyó de su cautiverio con varias jóvenes, que se hizo con un navío y se convirtió en pirata siendo su radio de acción el mar Báltico. Otras, como Grace O'Malley en el siglo XVI y la intrépida Robelina en el siglo XIX, se hicieron piratas por seguir la tradición paterna o vengar la muerte de su amado. La mayoría se disfrazan de hombre, como Julienne David, que con el apodo de Jacques tomó parte hacia 1800 en las insurrecciones de Vendée, fue hecha prisionera y huyó enrolándose a bordo de un barco pirata.

Pero han sido las piratas chinas las más temidas y sanguinarias de la historia. Sus nombres, Lai Cha Su, Pan Chin Chiaco o Huang Pe Mei, causaban terror entre los navegantes. Se movían a sus anchas en los mares orientales, preparaban a conciencia los ataques a juncos y barcos de carga, y tenían sus propias bases navales escondidas en las bahías. Algunas llegaron a poseer una flota de setenta navíos y cincuenta mil hombres. La señora Ching, mujer emprendedora y valiente, fue la más célebre entre las mujeres piratas que ejercieron su actividad en el mar de China en el siglo XVIII. Su esposo, el capitán Ching-Yih murió durante un tifón y entonces ella asumió el mando absoluto de la flota, —al igual que la española Isabel Barreto—, claro que en su caso eran seiscientos juncos y setenta mil hombres repartidos en seis escuadras. La diferencia es que la señora Ching se dedicó a organizar una extensa red de espionaje que le permitió atacar cientos de barcos. Su poder llegó a ser tal que, en 1809, deshizo la flota imperial encargada de capturarla y su almirante acabó suicidándose. Al final se rindió al gobierno y se sabe que acabó dirigiendo una importante empresa de contrabando de opio.

Las mujeres piratas navegaron los mares más temidos del mundo dejando tras de sí una estela de misterio y leyenda que inspiró más tarde el cine de aventuras de Hollywood. Las películas de piratas protagonizadas por las estrellas y galanes del momento tuvieron gran acogida entre un público ávido de aventuras en parajes exóticos y apasionadas historias de amor.

Las conquistadoras

Cuando en los libros de historia se habla del descubrimiento de América y la época de los conquistadores siempre se mencionan con un cierto orgullo patriótico los mismos nombres: Colón, Magallanes, Elcano, Pizarro, Cortés, Valdivia. Sus increíbles hazañas militares los han convertido en auténticos héroes y casi nadie se cuestiona su grado de mezquindad, su falta de humanidad o los medios que utilizaron para convertir a los indígenas. Es indudable que estos hombres protagonizaron algunas de las páginas más importantes en la historia de las exploraciones. Pero sorprende que se hayan olvidado de todas las mujeres españolas, sobre todo andaluzas y extremeñas, que contribuyeron al descubrimiento del Nuevo Mundo. Algunas fueron terratenientes, encomenderas y hasta gobernadoras pero una buena parte participó en las batallas y guerreó como el más valiente de los soldados.

En un interesante estudio escrito por Ruth González-Vergara y titulado *Las conquistadoras españolas en Chile. Heroicas matronas* se intenta reconstruir la historia de las mujeres conquistadoras que llegaron a Chile. La autora recupera la memoria de las españolas que a principios del siglo XVI, poco después de la llegada de Colón, participaron activamente en la conquista y en la colonización de América Latina. Lo hicieron lenta y progresivamente y a finales del siglo se calcula que unas veinte mil mujeres ya habían partido hacia América, eso sin contar las que embarcaron de forma ilegal escondidas como polizones. Entonces podían viajar a América sólo las mujeres cristianas —y con un permiso especial—, además debían pertenecer a familias bien establecidas, costearse el viaje y la manutención. Viajaban solteras, casadas para reunirse con sus maridos y viudas para hacerse cargo de las haciendas que les habían dejado como herencia. Las había de todas las clases sociales, burguesas, nobles y doncellas que viajaban para trabajar como criadas de ricos terratenientes.

Ya hemos visto que hasta hace pocos siglos atravesar los océanos constituía una proeza extraordinaria. Hacia 1600 para viajar de España a Colombia se necesitaban entre cuarenta y cincuenta días, mientras que el regreso podía durar cien. Hasta el siglo XIX aún se requería un largo viaje para ir a América. La distancia entre el Viejo Mundo y el Pacífico se acortó con la construcción del canal de Panamá inaugurado en 1914 que permitió viajar de un océano a otro en sólo diez horas. La escritora y feminista Flora Tristán escribió en su diario íntimo titulado *Peregrinaciones de una paria* todos los pormenores de su viaje desde Burdeos a Valparaíso, en Chile, y de ahí a Arequipa, su destino final en 1833. El viaje a través del estrecho de Magallanes en su barco, el *Mexicain*, duró cinco meses y soportó con valentía todo tipo de calamidades.

En aquel siglo XVI Chile era un territorio remoto y lleno de peligros donde los conquistadores tuvieron que enfrentarse a las temperaturas extremas, a una naturaleza tan imponente como inhóspita, y a los continuos ataques de los indios que resistieron casi trescientos años a la ocupación española. Todas las mujeres que vivieron en aquel tiempo en territorio mapuche —la mayoría de ellas en rudimentarias chozas de adobe y paja— estaban permanentemente expuestas a la muerte, pues los levantamientos indígenas estaban a la orden del día. Las audaces españolas que participaron en la conquista de Chile, se alejaron de las tareas habituales que se asignaban a las mujeres y cumplieron funciones impensables en el Reino de España. Inés Suárez, compañera sentimental de Pedro de Valdivia, no sólo participó en la conquista de Chile y la fundación de la ciudad de Santiago, sino que llegó a tener una gran influencia política y poder económico. En referencia a la ardua y silenciada labor que las españolas desempeñaron en el Nuevo Mundo, el historiador Mariano de Cárcer y Didier, afirmaba: «Aún está por escribir la historia y hacer justicia a aquellas abnegadas y valientes españolas que venían a forjar la nueva patria, sacrificándole afectos, cariños y hogares que abandonaban al salir, corriendo mil peligros y afrontando con ánimo sereno aventuras sin cuento...».

Inés Suárez, una intrépida extremeña

Mientras trato de reconstruir el viaje de Inés Suárez, la primera española que llegó a Chile en el siglo XVI, me viene a la memoria el viaje que hice en 1986 por aquellas heladas regiones hasta el legendario cabo de Hornos. Durante siglos los navegantes españoles que surcaron estos mares australes los identificaron como un infierno barrido por el viento y rodeado de glaciares. Sólo entre 1850 y 1900 naufragaron aquí más de cien barcos. Aun hoy, el estrecho de Magallanes y el pasaje Drake constituyen un reto para cualquier navegante.

Para alguien que como yo no domina el arte de la navegación, el reto era doble. En aquel viaje, corto pero intenso, pude entender que cuando aquellos hombres hablaban de infierno, se referían al de Dante, por lo menos. Muchos no consiguieron doblar el cabo de Hornos y se hundieron en sus heladas aguas. Yo lo hice a bordo de un velero preparado para navegar en el Atlántico Sur y dotado de la más moderna tecnología. El capitán me advirtió que al abandonar el canal de Beagle podría sorprendernos una tormenta. Y así ocurrió, me encontraba subida en lo alto de un mástil fotografiando los hermosos paisajes cuando un grito del capitán me hizo volver a la realidad. Descendí lo más rápido que pude y sólo recuerdo que en un instante el apacible mar se convirtió en un infierno de olas que golpeaban con fuerza la cubierta del velero. El cielo se había teñido de un color gris plomizo y el viento soplaba cada vez con más intensidad. El moderno y equipado barco parecía una cáscara de nuez en medio del océano.

Pasé las peores horas de mi vida refugiada debajo de la mesa de navegación que es adonde me mandó el capitán para que no molestara. Poco pude ayudarle, le veía luchar contra las olas que pasaban por encima de su cabeza, amarrado con un arnés a un timón que era incapaz de controlar. Recé a todos los santos mientras veía cómo el mundo se desmoronaba a mi alrededor. Los libros, los vasos, las sartenes, todo parecía tener vida propia. Pasaron tres largas horas y el capitán, extenuado pero sonriente, me dijo: «Cristina, lo hemos conseguido.» Estábamos en la isla de Navarino, en Chile, donde nos recibieron como a unos héroes. Cuando en los días siguientes, pude por fin contemplar el mítico cabo de Hornos, pensé en la cantidad de ilusiones que se habían hundido en sus temidas y heladas aguas. Y apenas le eché un vistazo.

Inés Suárez, nacida en Plasencia (Cáceres) en 1507, recorrió más de diez mil kilómetros para llegar a su destino. Mujer fuerte y valerosa —costurera de profesión— se había casado en 1526 con Juan de Málaga, quien al año siguiente emigró a Venezuela en busca de fortuna. Inés, harta de la soledad y de las escasas cartas que recibía, decidió reunirse con él. En 1537, y en compañía de una sobrina, puso rumbo a las Indias.

Cuando Inés llega a Venezuela aún no había cumplido los treinta años, y allí se entera de que su esposo ha sido trasladado a Perú. En lugar de regresar a España, continúa viaje a Cuzco donde le notifican la muerte de su marido. Allí coincide con el veterano capitán extremeño Pedro de Valdivia, quien prepara una expedición para emprender la conquista de Chile. Decide alistarse en su compañía y viaja con él en calidad de criada, eso sí atendiendo enfermos, enfrentándose a los mapuches, luchando como un soldado y actuando como una magnífica estratega. Así empieza su verdadera aventura: largas travesías, ataques permanentes de los mapuches, hambre, fatiga y el acoso de sus propios compañeros que pretenden apoderarse de la encomienda que ha heredado. Pero el valor y la capacidad de entrega de la que hizo gala Inés, pronto la convirtieron en un personaje muy popular y admirado. Era analfabeta cuando arribó a Chile pero aprendió a leer y a escribir de la mano del primer obispo que tuvo el país. Organizó talleres artesanales para los indios, fundó ermitas, hospitales y ciudades. Tras esta mujer callada y seria se escondía un valiente y aguerrido soldado capaz de matar con sus propias manos a siete caciques indios que habían destruido y arrasado la ciudad de Santiago. Con este sanguinario acto, el episodio más conocido de su vida, consiguió salvar la vida a los soldados que formaban la guarnición. Pedro de Valdivia siempre alabó su valentía y heroísmo y el rey la premió otorgándole tierras y una encomienda. Inés Suárez vivió una vida intensa de aventuras y sacrificios, y tuvo que enfrentarse a todo tipo de acusaciones que pusieron en tela de juicio su honra. En un proceso inquisitorial abierto a Valdivia en 1548 se la acusó de llevar una vida inmoral y escandalosa y de ser su amante. Finalmente se convirtió en gobernadora de Chile al contraer matrimonio con el capitán Rodrigo de Quiroga, quien sustituyó a Valdivia en su cargo cuando éste murió en combate en 1551.

Durante los doscientos años que duró la aventura española en América, muchas mujeres, como Inés Suárez, hicieron historia. Catalina Díaz en 1544 sobrevivió en las regiones más australes a guerras y levantamientos. Beatriz Alcázar, que llegó a Chile en 1548, tuvo nueve hijos y salió adelante como sus compañeras con valor y tenacidad. Mencía de los Nidos, nacida en Cáceres, viajó con sus dos hermanas a las Indias en 1544. Pertenecía a la nobleza española y según los cronistas fue también amante de Valdivia y por él se enfrentó con valor a toda clase de peligros. En una ocasión en que los indios mapuches sitiaron la ciudad de Concepción, y mientras la mayoría huía, ella se dedicó a organizar con otras mujeres la resistencia. Esto sucedía en 1554 cuando doña Mencía se encontraba ya muy enferma, lo que no le impidió defender con valor la ciudad y denunciar la cobardía de los españoles que huyeron en estampida. Otra típica mujer de la conquista valiente y aguerrida fue Juana Jiménez, que con sólo veinticinco años acompañó a la comitiva de Valdivia en los territorios conquistados. La mayoría eran mujeres jóvenes, que tuvieron que instalarse con sus familias en ciudades alejadas de la capital chilena, Santiago, soportando los continuos asedios de los indios que a veces duraban meses. La lista de mujeres es interminable y el coraje del que hicieron gala nuestras compatriotas quedó patente en los hechos que relatan los cronistas. Nuestras heroínas no encontraron en América hermosas amazonas ni ciudades recubiertas de oro como contaban las leyendas que circulaban de boca en boca. Por el contrario se vieron obligadas a trabajar duro y defenderse en un medio hostil donde muchas perdieron la vida.

La primera almirante

Hubo otras mujeres en el siglo XVI a las que el destino convirtió en heroínas y valientes navegantes. Éste es el caso de Isabel Barreto, esposa del adelantado Álvaro de Mendaña, y primera mujer almirante de la historia de España. Isabel, natural de Pontevedra, pertenecía a la nobleza gallega y su padre que había sido gobernador en las Indias portuguesas nunca imaginó la que iba a armar su hija en las tierras de ultramar. Por lo pronto llegó a Perú formando parte del séquito de la esposa del nuevo virrey. Era una mujer culta para la época, sabía leer y entendía latín, lo que le permitió acceder a un mundo muy restringido a las mujeres.

Su auténtica aventura comienza en 1595 cuando decide acompañar a su marido en su segundo viaje, esta vez rumbo a las islas Salomón. El 6 de junio salió del puerto de El Callao en Perú la expedición formada por cuatro navíos con 368 personas a bordo, entre ellos un nutrido grupo de mujeres decididas a poblar las tierras australes de España. Desde el principio, esta mujer enérgica y ambiciosa asumió el gobierno de la expedición, lo que la enfrentó al capitán portugués Pedro Fernández de Quirós que se oponía a que las mujeres participaran en este tipo de viajes.

Viajar desde Perú al Pacífico, hacia las lejanas islas de los mares del Sur, y recorrer en barco más de ocho mil millas, no era cosa fácil. Isabel fue partidaria de emplear la fuerza en una travesía durísima que tenía todos los ingredientes de una gran aventura marítima: hambre, sed, intrigas, enfermedades, motines y pérdida de rumbo. A todo ello se enfrentó doña Isabel mientras su marido se mantenía al margen ocupado con mapas y mediciones. El poder que llegó a tener esta mujer en su época hubiera sido inimaginable en otro contexto. Durante la dura travesía murió Álvaro de Mendaña, no sin antes nombrar a su mujer gobernadora y dejarla al frente de la expedición. Ante la imposibilidad de encontrar las islas Salomón, pusieron rumbo a Manila. La situación en que se encontraba la tripulación de la flota era deplorable. Apenas había agua y comida, la mayoría estaban enfermos y no pasaba un día sin que se echasen al mar tres o cuatro cadáveres. Isabel, ajena al sufrimiento de su gente, lavaba sus vestidos con agua dulce y guardaba bajo llave los víveres.

Esta española de rompe y rasga que, según los cronistas, no tenía ni pizca de humanidad, gobernó con firmeza durante los tres largos meses que la nave tardó en llegar a Filipinas. Cuando en la noche de 1596 pudo desembarcar al fin en la ciudad de Manila, fue recibida con los honores de una gobernadora y aclamada por la multitud. No acabarían aquí sus aventuras, doña Isabel guardó luto un año y se casó con un joven caballero llamado don Fernando de Castro, quien la ayudó a avituallar de nuevo la nave e izar velas rumbo a Nueva España.

Sería interminable la lista de mujeres que se internaron por tierras extrañas tras sus maridos, o bien para casarse y cambiar su destino. Otras, deslumbradas por las riquezas del Nuevo Mundo, por afán de aventura o empujadas por la pobreza, escribieron páginas de la historia de la conquista sin ellas saberlo. Algunas fueron auténticas heroínas, lucharon, se enfrentaron a los indios, soportaron cercos y asedios, colaboraron en la reconstrucción de las ciudades y salvaron más de una vida, incluida la de algún notable conquistador. Todas expusieron sus vidas al igual que los miles de hombres que participaron en esta gesta en nombre de la Santa Madre Iglesia y de Su Graciosa Majestad, el rey. Sus vivencias resultan aún hoy apasionantes porque rompieron con la norma y con las tradicionales restricciones femeninas de aquellos tiempos. Casi nadie sabe quién es Mencía Calderón, quien dirigió en el siglo XVI una expedición al Paraguay, pero sus gestas fueron reconocidas por personajes de la talla de Pedro de Valdivia. Esta conquistadora española, esposa del adelantado Juan de

Sanabria, a la muerte de su marido continuó los preparativos de su expedición al Río de la Plata. Mencía alcanzó con sus barcos las costas de Brasil. En su flota viajaba el fundador de Asunción del Paraguay, Juan de Salazar y un numeroso grupo de mujeres solteras y viudas que pretendían establecerse en América. La nave sobrevivió a temporales, motines y piratas pero el nombre de quien estaba al frente cayó en el olvido.

V

UN DESTINO EXCEPCIONAL

*Con motivo de mi viaje y para mi llegada a Kapurthala el
maharajá escogió el tren. Dado que la futura maharaní vendría
vía Bombay, mandó enviar allí sirvientes y vagones con antela-
ción, ordenando que el interior de todos los coches fuese completamente decorado con camelias blancas traídas desde Cachemira.*

ANITA DELGADO, 1908

Hubo mujeres aventureras que no fueron científicas, ni
participaron en expediciones geográficas ni tan siquiera fueron buenas escritoras de libros de viajes. Sin embargo, sus vidas resultan apasionantes porque el destino las llevó a com-
partirlas con importantes personajes de su época, entre ellos
reyes y marajás. Fueron testigos de excepción de guerras, reformas, derrocamientos y el nacimiento de nuevos países a lo
largo del siglo XIX. Ellas, mujeres independientes y decididas,
ejercieron una notable influencia en estos hombres poderosos
convirtiéndose en sus asesoras y consejeras. Nada hay de común en sus orígenes, unas son artistas, otras institutrices o gobernantas. Los nombres de Anita Delgado, Lola Montes, Anna
Leonowens, que vivieron en épocas bien distintas, han sido ol-
vidados por la historia. Nadie imaginó su destino y menos ellas
que nacieron en una época en que la mujer en raras ocasiones traspasaba los límites de su hogar y mucho menos viajaba

a remotos países. Nunca soñaron con vivir en suntuosos palacios, codearse con la realeza, entablar amistad con intelectuales o que sus biografías fueran llevadas al cine.

Las mujeres que viajaban a exóticos países como gobernantas, institutrices o amas de llave a partir del siglo XVIII no tenían que justificar su comportamiento porque en cierto modo la sociedad las compadecía. Tener que viajar para ganarse la vida a lugares remotos y peligrosos, acompañadas en ocasiones de sus hijos, era un acto casi heroico. La señora Anna Leonowens, natural de Gales, viajó al reino de Siam (Tailandia) donde permaneció durante cinco años. Fue algo más que una institutriz, llegó a ser amiga personal del monarca a pesar de tener ideas bien opuestas. Emmeline Lott trabajó como institutriz durante dos años en un harén egipcio y su experiencia no fue tan gratificante como la de su compatriota.

Sus en apariencia excitantes vidas no fueron un pasaje de *Las mil y una noches*. Como cualquier mujer de su época —y con la mentalidad de una dama victoriana— tuvieron que enfrentarse a culturas muy distintas a la suya y a situaciones que nunca antes habían vivido. En general se sentían solas, lejos de sus familias, y cautivas en una especie de jaula dorada.

La maharaní malagueña

Anita Delgado, nacida en Málaga en 1890, tenía sólo dieciséis años y era una mediocre bailarina cuando el maharajá de Kapurthala, uno de los hombres más ricos del mundo, se enamoró perdidamente de ella en Madrid. El príncipe indio convenció a su familia para que se trasladase a París y Anita recibiera lo que él consideraba una educación digna de una futura maharaní. En la capital francesa le esperaban el secretario del maharajá, una docena de esclavos, media docena de coches, un suntuoso palacete y una carta del príncipe donde le decía que hasta que no aprendiera bien el francés no aparecería, pues no deseaba expresar sus sentimientos a través de otra persona. Así empezó su vida en París, desde que se levantaba hasta que se acostaba todo estaba controlado por Louise Dujon, su institutriz francesa. En sus diarios la joven recuerda: «En Bruselas mi educación se amplió con protocolo, que ahora ya me habían explicado lo que era, además de baile, inglés, tenis, patinar, montar a caballo, piano, dibujo y billar.» Anita cambió radicalmente de vida al viajar hacia la India en 1908 para casarse con un rey que le doblaba la edad y apenas empezaba a querer. Lo que sigue es en apariencia la historia de un cuento de hadas. El apuesto príncipe le construyó una réplica del palacio de Versalles —al que llamaban el Elysée—, sus jardines, las imponentes verjas de hierro, las amplias avenidas, todos los detalles fueron copiados minuciosamente. Su interior fue decorado con antigüedades traídas de Europa para que la española se sintiera como una verdadera princesa de cuento. Todo el personal que fue contratado hablaba francés y todos los meses un tren llegaba cargado de botellas de agua Evian traídas directamente de Francia.

Su boda en Kapurthala fue de un lujo y exotismo que sólo podía imaginarse en las películas. La escritora Elisa Vázquez de Gey, en su libro sobre la vida de Anita Delgado, reconstruye minuciosamente la historia de esta sorprendente mujer y nos descubre curiosos detalles del enlace. La novia iba vestida con un sari bordado en hilos de oro y plata y el maharajá con un elegante traje de gala sij. La ceremonia fue al aire libre, les acompañaba la guardia real del palacio y los novios fueron pesados para que los pobres recibieran su equivalente en alimentos. Anita tuvo que subirse a un elefante engalanado para la ocasión y desfilar por las calles de la ciudad saludando al pueblo. Es entonces cuando escribió con cierto humor en su diario: «Y es que yo nada más podía pensar que ya era una princesa y durante el desfile de elefantes por las calles de la ciudad me encontraba medio mareada por lo alto que tenía que ir, subida en aquel palanquín saludando a todos y a causa de los movimientos del animal, que parecía como viajar en barco con mala mar.» Pero no todo fue un cuento de hadas. El maharajá al casarse con Anita pretendía que fuera sumisa, obediente, buena esposa y amante. No contaba con el fuerte carácter y la personalidad de su mujer que entonces sólo tenía dieciséis años.

Anita, autoritaria e independiente, vive a la europea, pasea sola, recibe amigos de todo el mundo y logra que su único hijo, Ajit, sea educado en Europa. Desde el principio, aunque se sabe la favorita, se niega a formar parte del harén del maharajá —de ciento veinte esposas— y critica el feudalismo. Llega a escribir libros de viajes, envía colaboraciones a periódicos y durante la Primera Guerra Mundial colabora con la Cruz Roja y la causa francesa. Acompaña a su marido en sus viajes oficiales y se convierte en su fiel asesora. En sus largos recorridos en tren toma notas de todo lo que ve y escribe sus impresiones sobre las costumbres locales, las mujeres y la lujosa vida de los soberanos que conoce. Estos escritos fueron más tarde publicados en forma de memorias bajo el título de *Impresiones de mis viajes a las Indias*. El libro, como la mayoría de los que escribieron nuestras antecesoras viajeras, es un valioso documento que retrata cómo era la India a principios del siglo xx. En él describe tres viajes diplomáticos que realizó por entonces a las Indias Británicas en compañía de su esposo y aunque no es una buena escritora hubiera triunfado como cronista de sociedad: «A Su Alteza [se refiere al maharajá de Binaker], destacado deportista, no sólo le gusta la caza; también le encanta el polo, que es su deporte favorito. Es un jugador de primera categoría y está considerado entre los mejores de las Indias junto con su equipo. Ha viajado varias veces a Europa y su hijo mayor, que sólo tiene diez años, es de una precocidad extraordinaria, tiene gran habilidad en el tiro y juega al billar de maravilla.»

Anita Delgado no se contenta con estar rodeada de joyas, esclavos, vivir en suntuosos palacios y ser la adorada maharaní. Conoce a Gandhi, se muestra partidaria de mejorar la situación de las mujeres y lucha, entre otras cosas, contra las bodas de niños y la quema de viudas.

Su sueño oriental acabó en 1927. Una grave enfermedad la obligó a guardar reposo y estuvo apartada de la vida palaciega varios meses. Para mejorar su salud se instaló en las tierras altas, en el palacio del maharajá de Cachemira situado junto a un lago, frente a las cumbres del Himalaya. En todo este tiempo no tuvo noticias de su marido. Tras once largos meses, Anita regresó a Kapurthala pero para su sorpresa ya no era la favorita del príncipe, éste en su ausencia la había sustituido por una joven inglesa. No sería la única, varias europeas desfilaron por la vida del maharajá pero aguantaron poco. La última, una muchacha checa de nombre Tara Devi, se suicidó cuando el príncipe la obligó a cambiar de religión y entrar en su harén.

Separada de su esposo, disfrutó de una vida bohemia y de auténtico lujo en Europa. En las fotos de las revistas de finales de los años veinte se la ve feliz paseando su elegancia, en compañía de su inseparable madame Dijon, por Niza, Venecia o Biarritz. Hasta sus últimos años siguió de cerca todas las noticias que llegaban de la India y su lento proceso de independencia. Murió en Madrid en 1962, tenía por entonces setenta y dos años. En la lápida de su tumba puede leerse la siguiente inscripción: «S. A. Maharaní. Prem Kaur de Kapurthala. Nacida Ana María Delgado Briones.» Fue uno de los últimos testigos de la época dorada de los maharajás de la India.

Anna y el rey de Siam

Anna Leonowens llegó a Bangkok en 1862 acompañada de su pequeño hijo Louis. No era su primera aventura, desde los quince años ya había vivido en el lejano Oriente y hablaba con fluidez sánscrito, hindi, persa y árabe. Había sufrido la pérdida de su marido y dos de sus hijos y sobrevivido a un naufragio en el cabo de Buena Esperanza. Cuando desembarcó en la capital de Siam era una joven de veintiocho años, viuda, sin recursos económicos pero curtida por la vida. Durante cinco años trabajaría como institutriz de los sesenta y siete hijos y de las muchas esposas y concubinas del rey de Siam. La vida en palacio no fue fácil para esta mujer independiente y de estricta moral victoriana, que detestaba la esclavitud y los harenes. Gracias a su tenacidad, consiguió tener su propio hogar fuera de los muros del palacio y gozar de cierta libertad. Esta dama inglesa se ganó el respeto del rey y sus opiniones sobre la dignidad del ser humano calaron hondo en Rama IV y su hijo el príncipe heredero. Siempre tuvo el valor de decir lo que pensaba y de interceder ante el rey por alguna de sus esposas o esclavas.

Anna no fue sólo institutriz en la corte sino que se convirtió en la secretaria privada y traductora del rey Mongkut. Su trabajo era de máxima responsabilidad, ya que llevar la correspondencia del rey era un asunto serio y de vital importancia para impulsar las relaciones entre Siam y las grandes potencias como Inglaterra. Y agotador, porque como cuenta la propia Anna el rey requería de sus servicios a cualquier hora del día. A pesar de todo aceptó el encargo pero con una sola condición: ya que tenía que trabajar en la misma habitación que el rey debía permitírsele estar derecha en su presencia y no postrada como sus súbditos.

La institutriz británica también le fue muy útil al rey de Siam para organizar recepciones a importantes autoridades inglesas. Anna recuerda en su biografía una de las anécdotas más divertidas vividas en palacio. El rey tuvo que recibir con todos los honores al embajador inglés de Gran Bretaña lord John Hay y le pidió a Anna que para causarle buena impresión enseñara a las más hermosas jóvenes de su harén la etiqueta europea. El encargo, al que no pudo negarse, suponía confeccionar vestidos a las muchachas, enseñarles a saludar a la manera occidental, blanquear sus dientes manchados de betel, encargar pelucas de cabello europeo, aclarar el color de su piel y enseñarlas a caminar con faldas cortas. Lo que no contaba Anna es que el embajador inglés tuviera barba y usara anteojos, algo que asustó tanto a las muchachas cuando se encontraron en su presencia, que huyeron despavoridas y chillando como si hubieran visto al mismísimo diablo. Anécdotas como ésta llenan las páginas de la vida de esta institutriz, cuya biografía ha sido llevada al cine en dos ocasiones. En la primera Deborah Kerr interpretó su papel y más recientemente Jodie

Foster, en la película *Anna y el rey*, se metió en la piel de esta extraordinaria mujer.

Anna no regresó a Siam desde su partida en 1867 pero siguió de cerca los avances y reformas que introdujo su pupilo el príncipe Chulalongkorn, entre otras algunas por las que ella tanto había luchado, la abolición de la esclavitud, la libertad religiosa, la creación de escuelas y hospitales. Su hijo Louis regresó a Siam en 1882, tenía el mismo espíritu inquieto y aventurero que su madre y el nuevo rey le nombró en su recuerdo oficial de su caballería. Anna vivió sus últimos años escribiendo artículos sobre sus experiencias en la corte del rey Mongkut, dando conferencias y codeándose con los más importantes intelectuales de Nueva York. Llegó incluso a trabajar como enviada especial, cuando en 1881, y tras el asesinato del zar Alejandro II, una publicación la contrató para viajar a Rusia y escribir varios artículos. No aceptó un puesto fijo en la redacción porque por aquel entonces esta incansable viajera deseaba pasar más tiempo con sus nietos y dedicarse a su familia.

Una inglesa en el harén

En 1863 cuando Emmeline Lott fue contratada como institutriz por su alteza el gran pachá Ibrahim, Egipto era un destino de moda. Un buen número de viajeros, entre ellos el famoso Volney, habían publicado los relatos de sus viajes por el país de los faraones; los dibujos y pinturas de los orientalistas habían hecho soñar a los europeos con un Egipto de hermosas mezquitas, obeliscos, espléndidos palacios y jardines. En los salones literarios sólo se hablaba de sus faraónicas bellezas y los artistas seguían inspirándose en los evocadores ambientes de los baños, harenes y mercados de esclavos que tanto fascinaban a los europeos.

Pero Emmeline, que tuvo que esperar cerca de un mes en El Cairo hasta llegar a su destino, no encontraba nada exótica esta ciudad, calurosa, sucia y bulliciosa. En sus relatos cuenta que un buen número de monumentos estaban en ruinas y las calles llenas de polvo, porquería y animales famélicos. Y eso que ella se alojó en una hermosa mansión, propiedad de un banquero egipcio, hasta que le permitieron viajar al palacio de Ghezire, la «casa de placer» del pachá. Emmeline tenía que trabajar en el harén y educar al heredero del virrey, «un niño de cinco años, mimado y maleducado», según sus propias palabras. También le tenía que proteger de los muchos peligros que le acechaban, entre ellos el de las celosas madrastras que querían envenenarlo. La institutriz inglesa —a diferencia de lady Montagu para quien el harén turco era un lugar cargado de belleza y sensualidad— escribió más de dos mil páginas contando lo desagradable que fue su experiencia y describiendo el harén del pachá como «un lugar sucio habitado por estúpidos y chabacanos que sólo sabían divertirse con prostitutas y hachís».

Emmeline pudo navegar en varias ocasiones por el Nilo cuando visitaba los harenes de Alejandría y El Cairo. El padre de todos los ríos, el río de leyenda que atrapó a artistas como David Roberts, no emociona excesivamente a esta viajera. Mientras el pintor escocés escribe cosas como ésta: «El Nilo viste sucesivamente todos los colores del prisma, estrellas en el firmamento, se desarrolla como una larga sábana mortuoria sembrada de lágrimas de plata», a Emmeline le preocupa más el comportamiento del virrey y sus acompañantes que le parece «depravado e intolerable». Y sus razones tendría cuando en una ocasión, como cuenta en uno de sus relatos, fue llamada con urgencia al dormitorio del virrey y se encontró a su alteza esperándola vestido tan sólo con unos pantalones cortos de pijama y una sonrisa libidinosa, dispuesto a conquistarla y tal vez convertirla en la favorita de su harén. Emmeline, tras este desagradable encuentro, empezó a desconfiar de todos los hombres que la rodeaban, incluidos los eunucos reales de los que llegó a decir: «Dudo mucho de la condición real de sus cuerpos y los mantengo a raya por si acaso.» Habían pasado ya casi dos años desde su llegada a Egipto y la institutriz ya no podía más, se sentía angustiada, vigilada, tenía fiebres intermitentes, cólera y para colmo la dieta árabe no era la más adecuada para su delicado estómago. Sólo tenía una idea en la cabeza, huir, alejarse del pachá y de su corte. Durante una visita a Constantinopla y ante sus problemas de salud que parecían agravarse día a día, el virrey le permitió rescindir el contrato y abandonar el país. A su regreso escribió tres libros sobre sus experiencias en el palacio de Gherize, los vanos intentos de enseñar al «odioso» niño heredero y la disoluta vida del gran pachá, que se convirtieron en auténticos éxitos de ventas. Para esta mujer del Imperio británico, de severa moral victoriana, el evocador Egipto de los orientalistas no fue más que un lugar de pecado y suciedad.

Lola Montes, la bailaora aventurera

Hay mujeres cuyas vidas se han envuelto en un halo de leyenda donde se confunde la realidad con la ficción. La vida de la bailarina Lola Montes y la de la violoncelista Louise Christiani están rodeadas de misterio y, sin embargo, se convirtieron en las más singulares aventureras del período romántico.

Ninguna mujer de su época ha dejado una huella tan duradera en la memoria y la imaginación como Lola Montes. Se han escrito cientos de libros sobre su vida y el cine le ha dedicado películas memorables. Aunque existen muchas lagunas en su vida parece ser que María Dolores Gilbert, su verdadero nombre, nació en Irlanda hacia 1820. Debido a los rasgos que heredó de su madre criolla no le fue difícil hacerse pasar por española y durante años pretendió haber nacido en Sevilla. De su infancia casi nada se sabe, al parecer cuando tenía cinco años viajó a la India donde fue destinado su padre y allí vivió entre Calcuta y Dinapore. Regresó a Europa donde se instaló bajo el austero cuidado de los familiares de su padre en Montrose y más tarde con unos amigos en Bath. Allí conoció al capitán Thomas James con el que huyó y se casó para evitar un matrimonio que su madre le había arreglado en la India. Curiosamente su esposo fue destinado un año más tarde a Calcuta donde Lola se convirtió en la favorita del rajá. En 1842 decidió regresar a Inglaterra sola y poco después pidió el divorcio. Como tenía que ganarse la vida aprendió baile en Madrid y se subió a los escenarios por primera vez en Londres en 1843 debutando con el nombre artístico de Lola Montes, la bailaora española. Durante cinco años viajó por Europa, desde Berlín a Varsovia y San Petersburgo, coqueteando con políticos, reyes y cortesanos. El zar Nicolás I, el maharajá Ranjit Singh o el conde Paskevitch de Polonia se encuentran entre sus innumerables admiradores.

El capítulo más sobresaliente de su aventurera vida tiene lugar en Baviera adonde llega hacia 1847. En la capital, Múnich, reina el anciano rey Luis I, abuelo del famoso Luis II, protector de Wagner. Este hombre sexagenario amante de la cultura y las mujeres hermosas se quedó prendado de Lola que vino a romper su monótona vida en palacio. La colmó de regalos, le hizo construir un hotel y le otorgó los títulos de baronesa de Rosenthal y condesa de Landsfeid. La bailarina y aventurera se convirtió en su amante y consejera. Pero para pasmo de sus asesores políticos el viejo monarca le transfirió a Lola el gobierno del Estado. Así que sin ella imaginarlo desde 1846 al 1848 fue la reina no coronada de Baviera. Los adversarios del rey no permitieron semejante excentricidad y Lola fue expulsada del país en 1848. Tiempo después el rey, obligado por las circunstancias, abdicó.

Se sabe que tras su aventura en Baviera regresó a Inglaterra donde contrajo de nuevo matrimonio, pero acusada de bigamia se refugió en España. Hacia 1852 recorrió Estados Unidos, se volvió a casar por tercera vez, dio conferencias sobre temas de mujeres, viajó a Nueva York y escribió varios libros basados en episodios de su agitada vida sentimental. Pasó un año en Australia visitando las minas de oro de Melbourne y viviendo en distintas poblaciones del interior. A su regreso a América se hizo muy popular representando en los escenarios algunos pasajes de su existencia, como su relación con el excéntrico monarca Luis I de Baviera. En sus últimos años su vida dio un giro. Se volvió una mujer espiritual, colaboró activamente con la Iglesia, ayudó en Nueva York a las mujeres indigentes y se sintió atraída por el mundo de las ciencias ocultas. Murió en la miseria en 1861 con apenas cuarenta y un años y arrepentida de la vida sibarita y caótica que había llevado.

De la vida de Louise Christiani, llamada en realidad Louise Barbier, de profesión violoncelista, no se han encontrado manuscritos ni diarios. Si hubiera sido así hoy esta singular mujer del siglo XIX sería una leyenda como Mata-Hari. Su vida podría ser el guión de una película de James Bond. Su historia, más o menos novelada, aparece en uno de los capítulos del libro *Aventureras con enaguas* de Christel Mouchard. Los datos que se tienen de su odisea en Siberia provienen únicamente de la correspondencia que enviaba a sus padres a lo largo de sus giras. Nació en París en 1827, y cuando contaba dieciocho años de edad era ya una reconocida artista que actuaba en los mejores escenarios de Europa. En 1845 Mendelssohn escribió para ella la *Canción sin palabras* y llegó a ser nombrada por el rey de Dinamarca como primera violoncelista de Copenhague. Pero su secreta pasión eran los viajes a los que no había podido dedicarse por sus compromisos artísticos. Si seguimos su rastro la encontramos en 1849 en San Petersburgo desde donde emprende un viaje insólito a las estepas de Siberia para dar una serie de conciertos con un viejo pianista alemán. Para llegar allí no duda en utilizar el trineo y acompañada por una sirvienta y su inseparable violín se pone en marcha rumbo a los helados desiertos. Se gana la vida actuando en las tiendas nómadas, ante un público atónito y poco acostumbrado a oír el delicado sonido de un Stradivarius. En Irkutsk conoce a un apuesto ruso, el general Muravieff, gobernador de Siberia y decide acompañarle en una misión al Extremo Oriente. Y se lanza de nuevo a una peligrosa aventura: «Heme aquí embarcada otra vez en una loca aventura. Confieso que empiezo con placer un viaje que completará la originalidad de mi vida artística. Sin embargo, pienso con cierto temor en las dos mil leguas que añadiré a las tres mil que me separan de mi patria.»

La expedición del general ruso viaja rumbo a las costas del Pacífico con la misión de apoderarse de un territorio apenas inexplorado, en la desembocadura del Amur, en la frontera con China, que también reclaman los ingleses y que es de vital importancia estratégica. Desde Kiachta Lise Christiani regresó atravesando el lago Baikal y al año siguiente, acompañando de nuevo al general en su caravana, se puso en camino para una gira sin precedentes que duraría trece largos meses. Fue a Okhotsk, de allí a Petropavlovsk en Kamchatka, regresó de nuevo a la desembocadura del río Amur y, atravesando más de 3.000 kilómetros de llanuras, llegó por fin a las puertas del Cáucaso en 1850.

Lo que no imagina Lise es que tendrá que viajar en un buque militar y atravesar a caballo las marismas del Amur, con temperaturas extremas, tormentas de hielo, sin apenas alimentos, un auténtico infierno. En este escenario de viento y desolación, de nieve y más nieve, donde apenas hay vida humana, esta mujer empieza a darse cuenta de que no podrá regresar nunca a su país, que está en una trampa de hielo, así describe lo que siente en una de sus cartas: «Esa eterna mortaja de nieve que me envuelve hiela mi corazón. Acabo de recorrer tres mil verstas de llanura de una sola tirada, ¡sólo nieve! Nieve caída, nieve que cae, nieve que caerá. Estepas sin límite, donde te pierdes, donde te entierras.»

Lise ha recorrido en total desde que partió de París más de veinte mil kilómetros en dos años de viaje. El frío, el cansancio, los asaltos de los bandidos, no han podido aún con ella pero el cólera acabó precipitadamente con su vida en un pueblo ruso en 1853. Tenía sólo veintiséis años y en sus últimas cartas se siente triste, sola y desgraciada: «He cruzado más de cuatrocientos ríos, pequeños, medianos o grandes... Hice todo el camino en briska, en trineo, en carreta, en litera, arrastrada por caballos, por renos, por perros, a veces a pie y, en general, a caballo. Toqué mi violoncelo allí donde ningún artista jamás tocó... Éste es el resultado de mi temeraria empresa... La nostalgia me desgarra...»

Algunas mujeres viajeras y aventureras gozaron de los favores de reyes, príncipes y gobernadores. Unas se convirtieron en reinas consortes y representaron su papel con dignidad, otras, como Lola Montes, no llegaron a reinar y nunca sabremos si fueron utilizadas por potencias enemigas. Nunca sabremos tampoco hasta qué punto desempeñaron un papel político o influyeron en la vida y el pensamiento de reyes como Luis I de Baviera, el rey de Siam o el maharajá de Kapurthala pero, adivinando su arrolladora personalidad, a buen seguro dejaron en ellos una profunda huella.

VI

LADIES VIAJERAS

Así que salí de Londres para Liverpool con sombríos presentimientos, poco reconfortada por los hábitos de las compañías navieras con destino a África occidental, cuando me informaron, sin miramiento alguno, de que no expedían billetes de vuelta.

MARY KINGSLEY, 1893

«Más de ochenta hombres armados nos esperaban en el camino. Cuando quisimos pasar nos los impidieron y por un instante formaron un círculo a mi alrededor; esos salvajes tenían un aspecto bárbaro, avanzaron hacia mí amenazándome con palabras y gestos; entendí que, si no retrocedía, me matarían y comerían.» Esto es sólo una parte de las muchas aventuras que vivió Ida Pfeiffer en su viaje a las selvas de Borneo hacia 1850. La intrépida viajera austriaca no fue devorada por los temibles bataks antropófagos de Sumatra porque por medio de señas se le ocurrió decir a los guerreros: «¡No os vais a comer a una mujer vieja como yo, con la carne dura y seca!» Sus sorprendidos atacantes se pusieron a reír y la dejaron proseguir su camino.

Ésta es tan sólo una anécdota de las miles que protagonizaron en los siglos XVIII y XIX algunas audaces exploradoras que recorrieron los confines del mundo. Vestidas con largas faldas, pesadas enaguas y apretados corsés, calzadas con delicados botines no dudaron en aventurarse por selvas, pantanos, desiertos y regiones desconocidas. Las encontramos viajando hacia el Himalaya en un palanquín seguidas de su séquito, vestidas de hombre en alguna ciudad sagrada musulmana o cabalgando por el desierto como el mejor de los beduinos. No le temen a nada, ni los leones, ni las ciénagas, ni las tormentas de arena, ni el miedo a la violación desanima a estas mujeres emprendedoras. Todas tienen algo en común, son cultas, tenaces, valientes, poseen un peculiar sentido del humor y saben reírse de sí mismas.

Mary Kingsley, la excéntrica viajera inglesa, es la protagonista de algunas de las anécdotas más divertidas. En uno de sus viajes, navegando por un río en el África occidental se las tuvo que ver con un hipopótamo que quería volcar su embarcación y ésta fue su reacción: «Con mucha precaución me incliné y le acaricié suavemente detrás de una oreja con la punta de mi paraguas. El animal me miró perplejo y nos separamos en inmejorables condiciones: el monstruo se marchó dando resoplidos. Por fin mi paraguas, después de cargar con él de Cambridge a África, había servido para algo, bien útil por cierto.»

Aventuras como éstas son el centro de las tertulias de los salones literarios, único espacio donde las mujeres con inquietudes pueden opinar, hablar libremente de sexo, de política, de cultura y de viajes. Estas reuniones, donde sólo podían acudir unas privilegiadas, que ya se celebraban en Francia hacia el siglo XVI, eran mal vistas por los hombres de la época y sobre todo por algunos intelectuales misóginos que maldecían la curiosidad femenina. Ciento cincuenta años después del primer salón francés, en toda la segunda mitad del siglo XVIII los salones literarios se pusieron de moda y muchas viajeras eran invitadas a relatar los pormenores de sus aventuras ante un público entusiasta. La francesa Léonie d'Aunet, nacida en 1820 y esposa del pintor François-Auguste Biard, fue la primera mujer que llegó hasta la bahía de la Magdalena, situada «a 250 leguas del Polo Norte». Cuando regresó a París abrió un salón literario donde relataba a un concurrido público —entre el que se encontraba su amante secreto Víctor Hugo— su travesía de seis semanas en el círculo polar ártico, así como

la impresión que le causaron las focas y los hermosos ice-
bergs que navegaban a la deriva. A ella se unieron otras muchas viajeras llegadas de lugares tan remotos como Borneo
o Gabón.

En los salones las mujeres cultas e inteligentes podían reunirse con los hombres no ya como raros prodigios, sino como
iguales en el campo intelectual. Aquellas damas ilustradas
del romanticismo, que se sentían aisladas y desanimadas a estudiar, encontraron en los salones un estímulo para seguir
aprendiendo.

En el siglo XVIII las mujeres comienzan a acompañar a sus
maridos de viaje. Algunas brillan con luz propia, son aristócratas, cultas y feministas adelantadas a su tiempo, pioneras
en temas de medicina y viajeras infatigables. La mayoría preparan a conciencia sus viajes, consultan mapas, leen sobre los
países que van a visitar, se adaptan con facilidad a ellos y se
sienten a sus anchas en un mar de arena o en una selva tropical.

May Sheldon, Isabella Bird, Ida Pfeiffer o Alexine Tinne que
cruzaron Borneo a pie, escalaron los Andes y cabalgaron por
el Lejano Oeste, son una excepción en su época pero demostraron que con tenacidad y ansias de conocimiento se podía
llegar muy lejos, aunque no siempre se tuviera dinero ni una
excelente forma física.

Las viajeras victorianas

En la Inglaterra victoriana surgieron algunas célebres
aventureras que se vestían de hombre, escribían relatos viajeros bajo seudónimo, viajaban solas a lugares exóticos y tenían una agitada vida sentimental. Vivían sin prejuicios, algo
inusual y duramente criticado en los tiempos de la reina Victoria, que a pesar de ser la mujer con más poder de su época
y la que llevó al Reino Unido a la cumbre de su esplendor y
grandeza, fruncía el ceño cuando oía hablar de los derechos
de las mujeres. Ella misma había dicho: «Esta locura perver-

sa de los derechos de la mujer... es un asunto tan irritante para la reina que ésta apenas puede contenerse.» La reina juzgaba con malos ojos a las mujeres que, desde mediados del siglo XVIII, exigían el voto y consideraba que debían ser azotadas por semejante atrevimiento. Convenció a las mujeres de su época —por fortuna, no a todas— que su sitio estaba en el hogar. El puritanismo asfixiante que impuso animó a más de una a romper con la norma y salir a recorrer mundo en una época en la que aún no existían los pasaportes, las fronteras y aún había lugares en blanco en los mapas de África.

Las viajeras decimonónicas crecían en un ambiente en el que se les enseñaba muy pronto que el principal modelo de virtudes del país era la reina Victoria. La soberana se dedicaba con igual entrega a su esposo, a sus hijos y a su amado Imperio. Así se esperaba de ellas —sobre todo de las jóvenes de la alta sociedad— que siguieran su ejemplo y aspiraran a ser buenas esposas y madres ejemplares.

Estas inquietas trotamundos no se limitan a recorrer, como estaba de moda un siglo antes, los caminos europeos en el llamado Grand Tour, acompañadas de sirvientes, tutores y caballos. Los viajes que nos cuentan nos trasladan al corazón de la jungla de Borneo, a Ciudad del Cabo, a los Andes, a la India, a lugares poco frecuentados por los europeos y menos aún por una mujer. Y lo cuentan con la misma naturalidad que un paseo por Hyde Park o un picnic en Balmoral. La mayoría reconoce al final de sus días que no han hecho nada especial, aunque como Ida Pfeiffer, hayan dado dos veces la vuelta al mundo, o tres como hizo la excepcional Isabella Bird, primera mujer en formar parte de la Royal Geographical Society de Londres. A lo mejor siempre se sintieron inferiores en sintonía con la sociedad que les tocó vivir y no creían que sus viajes pudieran tener mayor interés. La misma Mary Kingsley después de meses recorriendo lugares inhóspitos de África y recolectando especies raras de peces, duda de que su colección y su trabajo hayan servido para algo. Cuando, ya famosa, traba amistad con Henry Stanley y el novelista

Rudyard Kipling les confiesa con modestia que no cree haber hecho nada del otro mundo.

Mary y sus coetáneas crecieron en la estricta sociedad victoriana, en un mundo dominado por los hombres cuya única preocupación era el engrandecimiento del Imperio Británico; fueron educadas en una época donde a las mujeres como ellas se las consideraba «portadoras y guardianas de la raza inglesa». Así recorrieron el mundo como sus mejores embajadoras.

Algunas escritoras, sin embargo, viajaron más allá de los límites del Imperio, simplemente con un fin: demostrar que como en Inglaterra no se vivía en ninguna parte del mundo. Se creían especiales por pertenecer a una gran potencia y en sus escritos se refleja esa superioridad ante todo lo que ven. Pasean sus prejuicios por los países que recorren y nunca se dejan doblegar ante las costumbres locales. Son un pequeño grupo de viajeras burguesas y sedentarias, en general amas de casa, que nada tienen que ver con las exploradoras aventureras que viajan por placer. Ida Pfeiffer no es la única que deja constancia de su prepotencia en sus libros de viajes. La propia Isabella Bird, hija de un pastor anglicano, en su viaje al Tíbet escribe cosas como éstas: «La fealdad irremediable del pueblo tibetano me produce una impresión más honda cada día que pasaba. Es grotesca, y la acentúan, en vez de paliarla, sus ropajes y ornamentos... Los pobladores del Tíbet son sucios. Se lavan una vez al año y, excepto en los eventos festivos, no se mudan de ropa hasta que empieza a hacerse jirones de tan raída.» Tampoco una dama victoriana como Margaret Fountanie escapa al talante que impregna su época y así en una de sus cartas que escribe desde el desierto dice: «Después de cabalgar muchas horas llegamos a un paraje donde había un hermoso manantial de agua, que mujeres beduinas habían contaminado con sus sucios cuerpos, que podían olerse a una distancia de varios metros.»

Un ama de casa entre caníbales

La austriaca Ida Pfeiffer, quizá la más puritana y misteriosa de todas, fue la mejor representante de esta mentalidad de superioridad que impregnó Europa todo el siglo XIX. Nada hacía suponer que esta perfecta ama de casa de cuarenta y cinco años, y con la salud delicada, decidiera abandonarlo todo y viajar. Dio en solitario la vuelta al mundo en dos ocasiones, recorriendo lugares que ningún europeo se había atrevido a visitar. La publicación de los libros de sus relatos de viaje la hicieron famosa en toda Europa. Fue una de las grandes aventureras de su época y, sin embargo, la que mayor desdén mostró por todo lo que veía, salvo las tribus cazadoras de cabezas de Borneo y los temibles antropófagos de Sumatra. Ahí por donde va critica la pereza de los nativos, las danzas indecentes, las religiones, lo que le lleva a escribir: «Es una pregunta inquietante saber si la influencia de la civilización francesa pondrá freno a la inmoralidad de los indios.» Todo lo que ve le parece indecente incluso las hermosas mujeres de Indonesia vestidas únicamente con pareos y flores en el cabello. Y más inconcebible aún le resulta que los europeos se mezclen con las nativas: «El europeo es sin duda un tipo singular. En Europa le cuesta encontrar alguien a su gusto: para que así sea, tiene que reunir cantidad de cualidades y aquí se deja encantar por esas bellezas macizas, negras o de un marrón sucio, que más se parecen a monos que a mujeres.»

Ante este panorama es normal que Ida Pfeiffer no cayera muy bien a sus lectores, aunque sus viajes despierten la admiración de naturalistas como Alexander von Humboldt y fuera elegida miembro honorario de la Sociedad Geográfica de París. Y hay motivos para admirarla, mientras sus compañeros viajan financiados por las sociedades geográficas más importantes del momento, ella lo hace sola, con poco dinero y ligera de equipaje.

Ida nació en Viena en 1797, su padre era un rico comerciante de estricta moral y obsesionado con educar a sus hijos en la más absoluta rectitud. Al igual que sus seis hermanos creció en un ambiente espartano, como un auténtico soldado. No hubo caricias, ni juguetes, ni palabras amables y cariñosas durante sus primeros años de vida. De niña le gustaba vestir pantalones, era audaz, temperamental y osada. A la muerte de su padre en 1806 se enfrentó a una madre que deseaba una hija más dócil y femenina. Ida se negó a vestir como una muchacha, a asistir a clases de piano —aunque para ello tuviera que quemarse con cera la yema de los dedos— y a entrar en la cocina. Sus peores recuerdos se remontan a su juventud cuando se vio obligada a usar corsé y vestidos largos hasta los tobillos. Su gran amor fue un preceptor que su madre contrató para que la educara como a una señorita de su clase. Y lo consiguió en menos de cuatro años, claro que para entonces profesor y alumna ya estaban profundamente enamorados. Su madre se negó a aceptar como yerno a aquel joven sin fortuna y le impidió que volviera a ver a su hija.

Ida renunció a su apasionado amor, pero se prometió a sí misma que no volvería a entregarse a ningún hombre. En 1819, uno de los más célebres abogados de Viena, viudo y padre de un hijo, pidió su mano. La idea no le pareció del todo mal por dos poderosas razones: «Vivía a cien millas de Viena y tenía veinticuatro años más que yo.» Se casaron en la primavera de 1820 y se fueron a vivir a Lemberg. A partir de entonces Ida se convirtió en un ama de casa obsesiva, estricta y sin alicientes. Para colmo de males, la carrera de su marido se vio salpicada con un escándalo y se vieron arrastrados a la pobreza como recordaría al final de sus días en sus escritos más íntimos: «¡Dios sabe lo que sufrí durante aquellos dieciocho años de matrimonio, no por los malos tratos de mi marido, sino por las dificultades de una situación catastrófica, por la necesidad y la vergüenza!... Tenía que ocuparme de todo en la casa, sufría hambre y frío, trabajaba en secreto para ganarme un salario... había días que no tenía nada más que pan seco para ofrecer a mis pobres hijos.»

Cuando su madre murió, decidió trasladarse a Viena con sus hijos. Por aquel entonces se ha separado de su marido y gracias a la herencia puede hacerse cargo de su educación.

A ellos se dedicará en cuerpo y alma, mientras una idea que nadie imagina ronda en su cabeza. Los pocos ratos libres que tiene los dedica a estudiar geografía y consultar mapas. Cuando en 1842 les comunica a sus hijos que ha decidido emprender un viaje a Constantinopla donde vive una amiga, ignoran que es tan sólo la primera etapa de una serie de largos periplos que la llevarán a los confines del mundo.

Y así, casi con lo puesto y reconociendo orgullosa: «Mis ahorros apenas alcanzaban para financiar una simple excursión de viajeros tan célebres como el príncipe Pückler-Muskan, Chateaubriand o Lamartine, pero me parecieron suficientes para viajar dos o tres años, y los hechos demostraron que no me equivocaba.» Ida inició unos viajes que todavía hoy merecen el respeto de los viajeros más curtidos. En 1842 primero viaja a Tierra Santa, descendiendo por el Danubio, y más tarde se adentraría en Turquía y en Egipto en una travesía de nueve meses. En su segundo viaje la vemos rumbo al Polo Norte, visitando Islandia y el norte de Escandinavia. Apenas regresa emprende su primer viaje alrededor del mundo por el cabo de Hornos, Brasil, donde está a punto de ser asesinada, Tahití, donde es recibida por la reina Pomaré, China, India y Ceilán, donde reside un tiempo. Embarca de nuevo en 1848, se dirige a Persia y Mesopotamia y después, por si fuera poco el viaje, atraviesa el desierto hasta Mosul y llega a Tauris. Cuando se presentó allí al cónsul inglés éste no quiso creer que una mujer hubiese realizado semejante hazaña, soportando el calor, el cansancio, la mala alimentación y las amenazas constantes de los salteadores.

En Persia escribe unas líneas que retratan su carácter: «En todas partes y en cualquier momento conseguí que se respetase mi voluntad: es absolutamente cierto que la energía y la sangre fría imponen a los hombres, ya sean árabes, persas, beduinos u otros.» En total diecinueve meses de viaje, para entonces la publicación de sus relatos la han hecho famosa en toda Europa, los museos se disputan sus colecciones, el rey de Francia le concede la medalla de oro y el gobierno austriaco le entrega 1.500 florines. Ya puede volver a viajar y el dinero enseguida lo emplea en dar su segunda vuelta al mundo, esta vez un viaje más peligroso pues se le ha metido en la cabeza llegar hasta las selvas de Borneo apenas exploradas por ningún viajero. En 1851 se embarcó en Londres hacia el cabo de Buena Esperanza, para continuar su viaje a Singapur y de ahí a Borneo y Sumatra. En 1853 la dama llega a la ciudad de San Francisco (California), de ahí viajará a Perú y cruzará los Andes. En los meses siguientes remontará el río Mississippi, visitará a los pieles rojas, cruzará Canadá y finalmente llegará a Nueva York. Regresará a su país en 1855 tras cuatro años de increíbles aventuras. Nadie sabe cómo consiguió salir con vida de las selvas de Borneo donde ningún europeo había querido poner los pies. Allí paso seis meses conviviendo entre las tribus de los dayaks, cuya ocupación favorita era cortar cabezas al enemigo. Con los detalles de un médico forense describe: «Las cabezas estaban aún cubiertas de una melena espesa; una de ellas tenía los ojos abiertos y se veían medio desecados, hundidos en sus órbitas. Los dayaks las sacaron de donde colgaban para mostrármelas; fue un espectáculo horrendo, que no olvidaré jamás. Cortan las cabezas tan cerca del tronco que es imposible no reconocer cierta destreza.»

A pesar de las dificultades decide visitar Sumatra, quiere vivir la misma experiencia con los bataks, temidos antropófagos que poco antes de su visita habían matado y devorado a dos misioneros y cuatro enviados del gobierno. Ella, acostumbrada a una educación espartana, nunca confiesa los peligros a los que se enfrenta y no se doblega ante el paludismo, la disentería, los piojos ni las úlceras. Ida ignora pues todas las advertencias, pero por primera vez reconoce que tiene miedo: «Fuimos atacados por tal cantidad de mosquitos, que yo sangraba por todo el cuerpo y básicamente en los pies. La mayor parte del viaje me vi obligada a andar descalza, pues en los caminos cenagosos y en parte inundados es imposible usar zapatos; mis pies estaban desgarrados por las hojas cortantes del alang alang, y pinchados por los espinos.» Los bataks la reciben con hostilidad y aunque le permiten recorrer la isla durante tres meses —de ellos uno lo pasa en la cama víctima de las fiebres— la obligan a regresar.

Ida publicó en 1850 el primer relato de su extraordinaria travesía con el título *Viaje de una mujer alrededor del mundo* y en 1855, en dos volúmenes, su segundo periplo que la llevó desde Londres a Estados Unidos, eso sí pasando por Borneo, Java, Sumatra, Célebes, Panamá, Perú y Ecuador, por sólo citar algunos países. El éxito de sus libros la convirtió en una famosa escritora y exploradora que podría haber vivido sus últimos años retirada y tranquila rodeada de sus nietos. Pero la señora Pfeiffer no quería jubilarse, aún tenía energías y deseaba visitar Madagascar. Sus amigos le desaconsejaron el viaje a esta isla del Índico gobernada por la temible reina Ranavalona I.

No hizo caso y partió desde isla Mauricio a bordo de un barco de carga rumbo a la isla africana. Ya en tierra firme, entre las muchas aventuras que vivió, fue acusada de un complot contra la reina y estuvo apunto de ser ejecutada. En su libro *Viaje a Madagascar* escribió: «... a pesar de la fiebre, no le dimos el placer a la reina Ranavalona de vernos morir. Con alegría inenarrable vislumbré la canoa que llevaba a la costa al comandante y sus hombres; sin embargo no me arrepiento de este viaje, sobre todo si consigo recobrar la salud».

Cuando regresa a Viena en 1858 tras un largo y penoso viaje está más enferma de lo que imagina. Las fiebres han minado su ya débil salud y los médicos le diagnostican un cáncer de hígado. Tras unos meses de agonía la infatigable exploradora muere rodeada de su familia. Atrás han quedado quince años de extraordinarios viajes y descubrimientos a los que ella no dio la menor importancia.

En algunos de mis viajes alrededor del mundo he conocido mujeres del mismo talante que Ida Pfeiffer. Mujeres obligadas a vivir lejos de su país, que han transportado uno a uno sus prejuicios como los muebles de su casa. Cuando en 1986 realizaba un reportaje sobre las haciendas de la remota Patagonia, contacté con la señora Margaret, propietaria de una de las mayores estancias ganaderas de la provincia de Santa Cruz.

Tenía entonces casi setenta años, era viuda y vivía aislada en medio de un paisaje desértico que recordaba al salvaje Oeste. Me recibió en su casa, una mansión de estilo victoriano traída pieza por pieza desde Inglaterra —además de las chimeneas, bañera y lámparas de araña— y decorada como un museo repleto de antigüedades. Era una mujer menuda, de aspecto frágil y vestía una falda larga hasta los tobillos, botas camperas y una camisa de encaje cerrada hasta el cuello, donde lucía un precioso broche. A las cinco en punto interrumpió nuestra entrevista y me pidió que la acompañara a tomar el té con pastas, una costumbre que nunca había perdido desde que se instaló aquí su familia en 1800. Durante dos largas horas arremetió contra los ganaderos, el turismo, las estrellas de Hollywood que compran pedazos de la Patagonia a precios de ganga y sólo se mostró comprensiva con los misioneros que a golpe de Biblia estaban poniendo orden en tanto caos.

Iba anocheciendo cuando entró en la casa uno de sus trabajadores y le pidió a Margaret que le acompañara pues habían tenido problemas con unas reses. De repente, la elegante y cascarrabias dama inglesa agarró su fusil, se caló un sombrero vaquero y subió de un brinco a su caballo. No la volví a ver más, pero la señora Margaret, como contaban en Río Gallegos, era temida «hasta por los perros que no se atrevían a pisar su cuidado jardín». Seguramente si la vieja señora Margaret hubiera conocido a Ida Pfeiffer hubieran tenido mucho de que hablar.

Ladies por España

En el siglo XIX un buen número de ladies y marquesas viaja por España, de paso o como destino final. En aquella época nuestro país se presenta a los ojos de los ingleses como «primitivo y lleno de peligros». Por suerte algunos viajeros, como Richard Ford, tras recorrer miles de kilómetros por la península Ibérica, a lomos de su jaca cordobesa y evitando las rutas habituales de los viajeros románticos, descubre que no somos tan bárbaros como se cuenta. En 1846 escribe: «Es el país más romántico, vivo y peculiar de Europa, puede visitarse por mar y tierra en toda su longitud y anchura, con facilidad y seguridad, ...los vapores son puntuales, las diligencias excelentes, las carreteras, decentes y las mulas, firmes.»

A este famoso escritor inglés, que vivió en Sevilla hacia 1831 para cuidar la salud de su mujer, y que publicó un libro *Manual para viajeros por España y lectores en casa*, le debemos en parte la llegada de los primeros turistas ingleses. Aunque Ford escribe cosas como éstas: «La oriental y poco estética falta de curiosidad [de los españoles] por las cosas, piedras antiguas y paisajes agrestes, se ve aumentada por motivos y miedos políticos», en general nos presenta como el país más romántico, vivo y peculiar de Europa.

Las viajeras que se lanzan a la aventura de explorar más allá de los límites del Imperio Británico, lo hacen por varias razones. Eran mujeres curiosas e inquietas que se sentían muy limitadas y además se las consideraba intelectualmente inferiores. Sólo viajando podían demostrar su capacidad artística e incluso escribir un libro sobre sus aventuras. Las aristócratas tienen además la necesidad de hacer del ocio una virtud. Ya no tienen las obligaciones propias de su clase, como antaño, así que dedican su tiempo a viajar y formarse según el espíritu ilustrado de la época.

Los relatos de viajes estaban entonces de moda, pero en aquellos tiempos las mujeres escritoras —y más si eran aristócratas— no se tomaban en serio. Era habitual que adoptaran un seudónimo masculino, así conseguían mantenerse en el anonimato y preservar su prestigio social. Las mujeres sabias, que eran ridiculizadas por los hombres, gracias al seudónimo conseguían que su público las leyera sin prejuicios. Los libros escritos por mujeres eran de antemano literatura menor y a nadie se le ocurría que una mujer pudiera escribir un ensayo o un tratado científico. La literatura de viajes se convirtió para aquellas mujeres en una válvula de escape a sus monótonas y aburridas vidas.

Sus libros de viajes —como las deliciosas cartas de lady Montagu— están llenos de ingenio y sutiles observaciones. Las escritoras viajeras eran más libres a la hora de escribir y no le tenían que rendir cuentas a nadie. El hecho de exteriorizar sus sentimientos, hablar de los peligros a los que tuvieron que enfrentarse o sus dificultades para adaptarse a una cultura distinta las convirtieron en heroínas de carne y hueso. Los caballeros británicos rara vez confesaban sus temores y ellas, incluso, se permitieron opinar sobre temas como religión, sexo o política. A través de sus libros, y en el más absoluto anonimato, muchas escritoras viajeras pudieron llevar una vida bastante emocionante.

A principios del siglo XIX los salones estaban llenos de jovencitas deseosas de contar alguna excitante etapa de su Grand Tour y de inmortalizarlo en un libro. Por lo general estas obras se publicaban con una acotación: «Sólo para circulación privada», eso significaba que lo leerían un número limitado de suscriptores que pagaban por este privilegio. La mayoría no esperaba ganarse la vida como escritora, se sentían ya satisfechas con la posibilidad de publicar su obra aunque fuera pagándola de su bolsillo. Pero la literatura viajera cada vez era más popular entre el público femenino, así que los libros de lady Morgan sobre Francia e Italia o la señorita Pardoe sobre Turquía, fueron éxitos de ventas y sus autoras ganaron un prestigio que nunca imaginaron. Fue Louisa Costello la primera mujer que consiguió ganarse la vida escribiendo sobre sus viajes y de paso entreteniendo a sus lectores con infinidad de divertidas anécdotas y consejos prácticos.

La prepotencia y superioridad de las viajeras inglesas que visitaban España en el XIX quedó bien patente en sus libros donde se podía leer cosas como éstas: «España es un país de ignorantes, donde perviven costumbres bárbaras y la higiene brilla por su ausencia.» Y con esta idea en la cabeza —y otros tópicos de la época— viajaron por nuestro país lady Louisa Tenison, que residió dos años en España, lady Sophia Dunbar, que viajó en diligencia con su familia y una criada española de intérprete y otras más célebres como la marquesa de Westminster, Matilda Edwards o la consagrada escritora Frances Minto Elliot.

Así nos encontramos a Elisabeth Grosvenor, marquesa de Westminster, nacida en 1797, preparando un maravilloso crucero por el Mediterráneo. Claro que cuando la marquesa y su familia emprendían un viaje lo hacían a lo grande y con estilo. El yate elegido para la excursión era en realidad un barco de más de doscientas toneladas, equipado con una tripulación de veinte marineros, doncella, mayordomo y un confortable baño. El tour por Suecia, Noruega y Rusia tenía el aire de una expedición real.

El viaje duró algo más de un año, y pretendía ser un período de descanso para lady Elisabeth, que para entonces había dado a luz trece hijos, entre ellos el primer duque de Westminster. Le acompañaban sus cuatro hijas mayores y buena parte del tiempo lo pasó sentada cómodamente en cubierta, con un cuaderno de dibujo en sus rodillas y su perro a los pies. La marquesa tuvo la oportunidad de viajar por la campiña del norte de Europa, reencontrarse amigos en el camino y escribir con cierta ingenuidad sobre todo lo que veía. Publicó dos libros de relatos viajeros, en uno de ellos confesaría que nunca fue una buena navegante. Quizá lady Grosvenor hubiera sido una auténtica lady viajera si la sociedad en que vivió se lo hubiera permitido. Interés no le faltó.

La inglesa Matilda Betham-Edwards, nacida en 1836 —prima de Amelia Edwards, pionera en el campo de la egiptología—, viajó en tren por España acompañando a una amiga que se dirigía a su casa de Argel. Esta institutriz convertida en prolífica escritora consiguió que Dickens publicara sus primeros versos cuando ella tenía veintiún años. Fue el comienzo de una larga carrera: durante medio siglo escribió novelas, cuentos para niños y nueve libros de sus viajes por Europa. Lo que hacía diferentes a estos relatos era el peculiar enfoque de su autora que se enorgullecía de viajar sin guías de viaje y no alojarse nunca en hoteles. Ella prefería las casas de los campesinos franceses que la invitaban de buena gana a dormir y degustar algún sabroso plato. Su idea siempre fue explicarle «al miope turista inglés» cómo eran en realidad los «auténticos» franceses.

Su insaciable curiosidad y el deseo de seguir escribiendo libros de viajes la llevaron a recorrer el norte de África y el África occidental. Las anécdotas de sus viajes por mar, a caballo o en vapor no tienen desperdicio. Viajó en tren desde Francia con una amiga para llegar a Argelia. En su libro sobre este viaje publicado en 1868 y titulado *A través de España al Sáhara*, recomienda a sus lectores que viajen en tren, pero a ser posible en vagón de primera clase, que no duden en llevar consigo muchos baúles y hasta una bañera portátil y vestir de forma elegante. Era ésta una actitud frívola muy común entre las escritoras inglesas excéntricas y aristócratas.

Frances Minto Elliot, otra escritora consagrada de viajes, publica en 1884 el *Diario de una mujer ociosa en España*. Con el mismo título aparecieron otras obras dedicadas a Italia, Sicilia y Constantinopla. Sus libros, una especie de guías escritas para ladies ricas y aburridas, son desternillantes. Frances se dirigía a un público muy selecto, en su mayoría mujeres, amantes de la buena vida y el confort. Lo que hace que estos libros sean realmente divertidos es la costumbre de criticar todo lo que ve, al igual que hiciera la alta clase británica en sus viajes. No hay nada como Inglaterra pero salgamos a comprobarlo, parecía querer decir. En sus viajes por nuestro país describe con ingenio los riesgos de viajar en los ferrocarriles españoles, los robos, las incomodidades y la mala atención del personal.

Tampoco las principales ciudades europeas escapan a sus ácidas críticas. Así: «Roma es una ciudad moderna de tercera clase y San Pedro dolorosamente decepcionante; en Sicilia "hay demasiados turistas y malos hoteles", Madrid "es fea y corrupta" y, para rematar, la gente de Valencia "es la más estúpida del mundo". Málaga es "detestable" mientras que Constantinopla es "deprimente y degradada".» Los libros de la señora Elliot fueron muy populares, pero ningún editor se atrevió a traducirlos porque a buen seguro no hubieran caído muy bien al público de los países que tan duramente criticó.

VII

PASIÓN ORIENTAL

¿Quién me devolverá jamás las cabalgadas desenfrenadas a través de los valles y los montes del El Sahel, al viento del otoño, cabalgadas embriagadoras que me hacían perder toda noción de realidad en una maravillosa ilusión?

ISABELLE EBERHARDT, 1899

En las frías y lúgubres bibliotecas de las mansiones inglesas los jóvenes del siglo XVIII consultan mapas, guías y devoran, entre otros, los libros de viajes de Richard Pococke y Frederik Norden, pioneros en la exploración de Egipto. Los dibujos evocadores de pintores como Cassas les trasladan a un Oriente fantástico y onírico. Por aquel entonces —y hasta principios del siglo XIX— se había puesto de moda el llamado Grand Tour que consistía en un viaje de dos o tres años de duración que emprendían los jóvenes y ricos ingleses por las míticas ciudades europeas, sobre todo las italianas. Los aristócratas mandaban a sus hijos a terminar sus estudios viajando de la mano de un tutor —de comprobada moralidad— para que aprendieran, entre otras cosas, historia y costumbres extranjeras.

Algunos, influenciados por el espíritu ilustrado de la época, sueñan con llegar más allá de las riberas del Mediterráneo, a un Oriente más remoto que Grecia o Turquía. En sus cabezas resuenan los nombres exóticos de Egipto, Marruecos, Siria, Arabia... Las escenas orientales que pintan artistas como Delacroix despiertan su imaginación y les hacen soñar con los pasajes de *Las mil y una noches*. ¿Por qué quedarse en Inglaterra cuando no muy lejos hay un mundo de voluptuosas mujeres cubiertas con velos, bazares repletos de antigüedades y míticas ciudades por descubrir? Y así, llevados por el espíritu del Grand Tour, se ponen en marcha naturalistas, arqueólogos y escritores célebres como Goethe, Stendhal o Byron.

Para un buen número de ladies Oriente Medio se convierte en un lugar donde hacer realidad sus fantasías. Aristócratas, como lady Mary Montagu, hija del duque de Kingston, lady Hester Stanhope, sobrina del primer ministro inglés William Pitt, o lady Anne Blunt, hija del conde Lovelace y nieta de lord Byron, se arriesgan a viajar más allá de las elegantes rutas del Grand Tour. Su decisión provoca el escándalo en una sociedad que no ve con buenos ojos que unas damas nobles y cristianas viajen a «países de infieles».

Estas mujeres que renuncian a todas las comodidades pasean por los desiertos y ciudades de Oriente con la misma soltura que en los elegantes salones. No les cuesta adaptarse a una cultura muy distinta a la suya. Aprenden árabe, turco o persa, cabalgan por el desierto, duermen en las tiendas de los nómadas y visten —generalmente de hombre— como los drusos, beduinos o árabes. Encarnan el espíritu de su tiempo, son mujeres ilustradas, que no se escandalizan ante lo que ven, al contrario se muestran encantadas ante la libertad sexual de las mujeres turcas y respetan la religión musulmana que no les parece tan distinta de la cristiana.

Lady Mary Montagu viste a la turca, con amplios calzones, zapatos bordados en oro, una bata de seda cerrada hasta el cuello con un broche, un chaleco ceñido de largas mangas y por encima un caftán entallado y largo hasta los pies. Lady Stanhope, menos sofisticada, cabalga por las montañas del Líbano vestida como un druso, fuma narguile y va acompañada de un séquito de treinta esclavos. Otras viajeras posteriores como Isabelle Eberhardt aún irán más lejos y se convertirán al islam. Esta joven escritora suiza cambia sus vestidos europeos por una larga chilaba, fuma kif en los cafés moros y empieza a hablar árabe con una facilidad sorprendente. Todas ellas via-

jan hacia un sur lejano que en ocasiones sólo existe en su imaginación y como los viajeros de su tiempo lo hacen para ampliar sus conocimientos, atraídas por las civilizaciones antiguas
y un clima benigno donde se curan todas las enfermedades, in-
cluidas las del espíritu.

Lady Montagu: cartas desde Estambul

La primera en romper el molde y viajar a Oriente fue lady
Mary Wortley Montagu. Su idea de reunirse con su esposo en
su destino como embajador británico en Estambul en 1716
dejó a la alta sociedad londinense totalmente pasmada. Fue
una decisión escandalosa porque nadie entendía que una dama
con su reputación y un brillante futuro literario arriesgara su
vida para viajar al corazón del Imperio otomano en compañía
de su hijo de cuatro años.

Lady Mary nació en 1689, y era hija de aristócratas ingleses. Cuando apenas tenía cuatro años su madre falleció y pasó
su infancia con sus hermanos al cuidado de la abuela paterna,
cerca de Salisbury. Su padre, el duque de Kingston, se preocupó poco de su educación, pero a cambio la dejó en la compañía de su notable colección de libros. Fue una niña precoz que
aprendió sola griego y latín animada por su primo. Así a los
trece años, leyendo entre otros a Ovidio, era ya una joven bastante culta y llena de curiosidad. Muy pronto el Londres literario caería rendido ante sus encantos.

Hacia 1707 pasa una temporada en Londres, se codea con
la alta sociedad y empiezan a aparecer sus primeros pretendientes. Cuando conoció a Edward Wortley Montagu, un hombre apuesto, viajero y culto, decidió casarse con él. Le llevaba
a Mary diez años pero ambos compartían pasiones y títulos
nobiliarios. El padre de Mary se opuso a esta relación pero
su hija ya lo tenía muy claro y, siempre dispuesta a desafiar
las convenciones y conseguir su independencia, huyó con su
amado.

Su matrimonio no fue muy satisfactorio. Su marido se dedicó de lleno a su carrera política y apenas se preocupaba de Mary y de su pequeño hijo, Edward. Ella, por su parte, nunca perdía el tiempo ni el buen humor, se rodeaba de hombres de letras y políticos, asistía a los salones literarios y trataba de llenar su vida de una forma interesante.

En 1716 su vida dio un giro, Edward Montagu fue nombrado embajador ante el Imperio otomano de Constantinopla. Mary había estado enferma de viruela y se sentía envejecida y cansada desde el nacimiento de su hijo, así que la perspectiva de un viaje a Oriente le devolvió las energías.

Y así lo hizo, acompañó a su marido y viajó a Constantinopla, «en un viaje jamás emprendido por un cristiano desde los tiempos de los emperadores griegos». El viaje de ida desde Londres les llevó hasta Viena —donde permanecieron dos meses— y de ahí atravesaron los Balcanes. Llegaron a Constantinopla casi un año después de abandonar Londres, y primero se instalaron en Adrianópolis. Más tarde se trasladaron a Pera, donde se encontraba la embajada británica de Constantinopla. Allí vivieron durante dieciocho meses en un hermoso palacio en lo alto de una colina. Desde el primer momento Mary no se limitó a ejercer de embajadora consorte, sino que, atraída por las costumbres de los turcos, se convirtió en una auténtica exploradora de ambientes. A los europeos allí residentes les debió resultar bastante excéntrico el comportamiento de esta distinguida lady que recorría sola los bazares, baños públicos y palacios vestida a la turca, con un pesado velo y túnicas hasta los pies. Su insaciable curiosidad la lleva a disfrazarse para visitar lugares reservados sólo a los hombres. En una ocasión lady Mary, acompañada de una princesa cristiana, se vistió de hombre para poder entrar en la iglesia de Santa Sofía, convertida en mezquita en 1453.

Durante el año que lady Montagu permaneció en Turquía se dedicó a escribir innumerables cartas a familiares y amigos. Al ser publicadas un año después de su muerte, en 1763, su talento literario fue muy elogiado y llegó a ser comparada con la mismísima madame de Sévigné. Son cartas donde Mary —magnífica observadora— retrata ambientes cargados de exotismo y sensualidad que recuerdan los pasajes de *Las mil y una noches*. Ella, que fue el primer occidental en penetrar en los harenes del sultán, no critica estos espacios dedicados al placer, como harían las institutrices inglesas un siglo después; por el contrario, describe toda la belleza y refinamiento que hay en ellos: «Qué dirías si te contara que estuve en un harén cuya estancia de invierno estaba revestida con paneles de madera con incrustaciones de madreperla, marfil de diferentes colores y madera de olivo... y que en los aposentos diseñados para el verano las paredes están cubiertas de porcelana, los techos dorados y los suelos tapizados de suntuosísimas alfombras persas.» Lady Montagu a pesar de su rango social opina libremente sobre todo lo que ve, se muestra encantada, por ejemplo, de la libertad sexual que se respira en los harenes turcos, una libertad «que para sí quisieran las inglesas».

El mérito de esta lady que rompió moldes fue, sobre todo, sus maravillosas y coloristas descripciones de unos ambientes condenados a desaparecer. Como un Delacroix, la paleta de Mary se deleita en la sensualidad cotidiana que la rodea. Cuando la sultana Hafise la invita a cenar los detalles del banquete resultan de lo más evocador: «Me ofreció una cena de cincuenta platos de carne que, según la costumbre, colocaron sobre la mesa de uno en uno... Los cuchillos eran de oro, las empuñaduras tenían incrustaciones de brillantes, pero la pieza de lujo que más turbó mi vista fue el mantel y las servilletas, que eran de preciosa gasa de muselina, con flores naturales finísimamente bordadas en sedas y oro.» En otra ocasión lady Mary describe cómo la recibió su hermosa amiga Fátima: «Vestía un caftán de brocado de oro, con flores de plata, adaptado a su figura, que permitía realzar la belleza de su pecho, apenas velado por la fina gasa de su enagua. Los calzones eran de color rosa pálido, el chaleco verde y plateado, las zapatillas blancas, finamente bordadas, los hermosos brazos adornados con brazaletes de diamantes y el ancho cinturón todo engarzado en diamantes; en la cabeza llevaba un delicado pañuelo turco en tonos rosados y plata, una larga cabellera asomaba por debajo recogida en varias trenzas, y a un lado de la cabeza llevaba varios broches de joyas.» Cartas como éstas hicieron volar la imaginación de los viajeros románticos que atraídos por los sofisticados y sensuales ambientes orientales viajaron en años posteriores a Turquía. Sus descripciones influyeron también en artistas como el pintor francés Ingres que cuando en 1863 pintó su cuadro más representativo *Le bain turc*, se inspiró en aquellas evocadoras «postales».

Lady Montagu, además de escribir sus experiencias, aprendió el turco, tuvo una hija y entabló amistad con importantes damas que la invitaban con frecuencia a sus palacios de ensueño. Se adaptó sin problemas a esta nueva vida y disfrutaba contándole a su hermana cómo vestía a la turca: «La primera prenda de mi atuendo es un par de calzones muy amplios, que me llegan a los zapatos y ocultan las piernas con más modestia aún que tus enaguas.» Así ataviada a la oriental posó para el pintor Van Moor en un cuadro que la haría famosa.

Y fue durante una visita a los baños turcos cuando lady Montagu vivió una de sus más divertidas anécdotas. Acudió a uno de estos lugares vestida de amazona y las mujeres que allí se encontraban mostraron enorme interés por su corsé: «Me excusé con cierta dificultad, pero tanto empeño pusieron en disuadirme que finalmente me vi obligada a desabrocharme la camisa y a mostrarles las ballenas, algo que las satisfizo mucho, pues me percaté de que creyeron que me encontraba encerrada de tal modo en aquella máquina que no estaba en mi poder abrirla y atribuyeron la idea de tal artilugio a mi marido.»

Pero lady Montagu no se limita a describir hermosos palacios y mezquitas, uno de sus mayores logros fueron sus observaciones de tipo médico. En su viaje a Estambul descubre que los turcos vencen a la viruela inoculando el virus al paciente. Su hermano había muerto de esta enfermedad y ella misma la había padecido y su piel había quedado profundamente marcada. Así en una de sus cartas escribe: «... estoy tan convencida de la seguridad del experimento, tanto, que pienso probarlo con mi hijito. Soy lo bastante patriota como para tomarme la molestia de llevar esta útil invención a Inglaterra y tratar de imponerla y recomendarla a los médicos...». A su regreso a Londres no dudó en someter a su hija a esta prueba y demostrar que lo que había visto podía salvar muchas vidas. Lo hizo sesenta años antes que el médico Edward Jenner, descubridor de la vacuna de la viruela.

En 1718 el cargo de embajador de su marido toca a su fin y Mary debe regresar sin muchas ganas a Inglaterra. Por entonces tiene treinta años y es una dama célebre, requerida en los salones literarios y frecuentada por políticos e intelectuales. En uno de estos salones, ella que había tenido que educarse de forma autodidacta, recomendaba con cierta ironía a su nieta Louise: «Que escondiera su sabiduría como si se tratase de una deformidad, ya que el mostrarla sólo puede servir para atraer la envidia y, en consecuencia, el odio más acerado, de todos los cretinos de uno y otro sexo, que serán, con toda seguridad, al menos las tres cuartas partes de la totalidad de sus conocidos.» Quizá lo decía por propia experiencia, pero lady Montagu no pudo evitar ser una mujer sabia e ilustrada, admirada, entre otros, por Voltaire.

Sin embargo, su vida privada no tuvo tanto glamour como su vida social. No sólo tuvo que enfrentarse en su juventud a su padre, fugarse con su pretendiente y soportar un matrimonio decepcionante, sino que además tenía problemas con su hijo. Edward, que si bien heredó el espíritu aventurero de su madre —aprendió árabe como ella y vestía a la turca— tenía fama de mujeriego, vividor y estrafalario. En una carta fechada en 1762 y referida a él se cuenta: «Se viste y adorna con diamantes hasta en las hebillas de los zapatos y tiene más cajas de rapé de las que bastarían a un ídolo chino con cien narices. Lo más curioso de su atuendo es una peluca de hierro, que no puedes distinguir del pelo verdadero. Creo que ése es el motivo por el que la Royal Society le ha elegido como miembro.»

Enamorada de un apuesto poeta veneciano llamado Algarotti, lady Mary Montagu abandonó Londres para seguirle al fin del mundo. Creía además «que la gente se había vuelto tan estúpida que no soportaba su compañía, toda Inglaterra estaba infectada de aburrimiento», le confesaría antes de partir a un amigo. En 1739 puso rumbo a Italia, recorrió Venecia, Roma, Nápoles y Turín. Tras descubrir que Algarotti llevaba dos años evitándola, se convirtió en una sofisticada trotamundos entre Italia y Francia. Cuando decidió regresar de nuevo a Inglaterra, animada por su hija lady Bute, tenía setenta y tres años y diez nietos con los que entretenerse. Aunque estaba muy enferma seguía siendo una mujer inquieta y curiosa. Murió en 1762 pero nos quedaron sus deliciosas cartas que constituyen un documento excepcional para conocer cómo era la vida en el Imperio otomano en tiempos del sultán Ahmet III.

Las viajeras del desierto

«He vuelto a entrar en el desierto, como si volviera a mi hogar; el silencio y la soledad te envuelven como un velo impenetrable; no hay más realidad que las largas horas de cabalgata, por la mañana tiritando y por la tarde adormilada, el bullicio de la llegada al campamento, la charla y el café junto al fuego de Muhammad después de la cena, y el sueño, más profundo que el que produce la civilización; después otra vez el camino. Y como de costumbre, me siento tan segura y confiada en este país sin ley como en mi propio pueblo.» La exploradora Gertrude Bell, que escribió estas líneas, descubrió la magia del desierto en 1909, y como era una experta amazona pudo cabalgar sus dunas y adentrarse como ninguna en sus misterios. Para una mujer como ella, educada en la rígida moral victoriana, el desierto representaba un espacio de libertad donde podía actuar a su antojo lejos de los convencionalismos sociales.

Una larga lista de viajeras y exploradoras sintieron en el pasado «la llamada del desierto». Pero el desierto en el siglo XIX no era un paraíso y Gertrude Bell o Hester Stanhope sabían antes de partir que pasarían sed, que tendrían que detenerse ante las tormentas de arena, que por el día el calor las abrasaría y por la noche el frío sería insoportable. Esto sin contar las plagas de pulgas, los escorpiones, las culebras y los oasis engañosos que las hacían extraviarse. En esta tierra de nadie los asaltos a las caravanas estaban a la orden del día y los europeos eran sus principales víctimas. Gertrude Bell viajaba con dos pistolas y un rifle, pero al cruzar el desierto del Nejd sabía que se jugaba la vida. Otras exploradoras habían muerto en el intento. Alexine Tinne, que organizó una faraónica expedición a las fuentes del Nilo Blanco, sería brutalmente asesinada en el desierto del Sáhara a manos de los tuaregs.

El desierto, llamado por los poetas «el silencio eterno de los espacios infinitos», fue descrito de forma romántica y evocadora por algunos viajeros como Gustave Flaubert, o Pierre Loti, quien en 1889 escribió sobre su viaje a Marruecos: «Me habitúo también a mis largas vestiduras de árabe, al modo elegante de llevar mis velos, de colocar mis manos y de plegar mis albornoces. Y con frecuencia vengo a arrastrar mis babuchas por los alrededores de la mezquita de Karauín, por el laberinto del bazar, que ha adquirido, bajo este hermoso sol, un aspecto completamente distinto del de los primeros días.» Muchos se adentraron en el desierto influidos por las evocadoras y románticas imágenes literarias de la época, que poco tenían que ver con la realidad.

Junto a la grandeza de los paisajes desérticos los viajeros se sienten atraídos por las tribus nómadas que los habitan. Los beduinos, «la tribu más aristocrática del desierto», son los más admirados y respetados por los europeos. Su vida nómada, su sentido del honor y su valor encarnaban el auténtico espíritu de aventura. La aristócrata inglesa Anne Blunt cabalgaba por la península Arábiga vestida como un beduino y vivió dos intensos años como una nómada. Hester Stanhope, ataviada como un druso, fumaba la pipa turca y recorría en su corcel el desierto como un derviche enloquecido. Isabelle Eberhardt, vestida como un árabe, duerme en las tiendas de los nómadas bajo las estrellas y comparte sus errantes vidas. Gertrude Bell, la reina del desierto, era recibida con todos los honores por los dirigentes beduinos, como el terrible Fahad Bey, quien le ofreció la más deliciosa comida que había degustado en sus viajes: «Cordero asado relleno de arroz al curry, pan con yogur y albóndigas de carne con arroz.»

Otra gran exploradora, Freya Stark, una de las últimas viajeras románticas, también se sintió fascinada cuando vio por primera vez a los beduinos conduciendo a los rebaños: «Los dos beduinos que guiaban la manada, vestidos con espléndidos ropajes, iban sentado en lo alto de sus camellos y se balanceaban lentamente al compás de sus animales; me gritaron, pero el árabe beduino estaba fuera de mi alcance. Me faltan palabras para describir aquella maravillosa visión.» No era extraño que aquellas primeras viajeras se sintieran emocionadas ante escenas como éstas, y que los elegantes y valientes hombres del desierto rompieran el corazón a más de una exploradora.

Una vida errante

Hester Stanhope nació en 1776 y vivió más de sesenta intensos años en la región del Líbano que se convirtió en su hogar. Es para muchos la viajera más excéntrica de su época y hasta el español Alí Bey quiso conocerla. Hester era una aristócrata, hija mayor del conde de Stanhope y huérfana de madre desde los cuatro años. Vivió con una larga lista de familiares hasta que conoció a su tío favorito William Pitt, entonces primer ministro, al que supo conquistar con su buen humor y fuerte carácter. «La dejo hacer lo que quiere. ¡Podría medirse con el mismo diablo!», llegó a decir el famoso estadista. Durante una época se comportó como muchas victorianas, era la perfecta anfitriona, gozaba de una buena posición social y la perseguía un selecto número de admiradores. Pero se encontraba inquieta, le apasionaba la política y viajar, así que a la muerte de su tío en 1806 se quedó con una pensión de 1.200 libras y decidió vivir nuevas experiencias más allá del provincianismo británico. Claro que entre sus innumerables planes se encontraba uno un tanto atrevido. En 1810 Hester pensó viajar a Constantinopla a través de Gibraltar y Corinto, conseguir un pasaporte francés del embajador —algo imposible en esa época en Gran Bretaña— y regresar a Francia para seducir con sus encantos al emperador Napoleón y ofrecer sus secretos a su amada patria, Inglaterra. El plan falló tan pronto lady Hester llegó a Turquía, así que decidió cambiar los planes y viajar a Egipto y a Tierra Santa. Tenía entonces treinta y seis años y en un naufragio en Rodas en 1812 perdió prácticamente toda su fortuna. Fue entonces cuando decidió cambiar radicalmente de vida.

Y ya lo creo que esta aristócrata inglesa cambió de vida. Huyó a Siria y el Líbano en compañía de su joven amante Michael Bruce, al que conoció en Malta. Con él viajó por Grecia, Egipto, Palmira y Jerusalén antes de separarse en 1814. La sociedad de su época nunca le perdonó este comportamiento intolerable para una mujer de su clase. Se adaptó sin problemas a la cultura oriental, se atavió de hombre turco, se hizo acompañar por un pequeño séquito y emprendió largos y penosos viajes supuestamente para recobrar su salud. Entre la corte de seguidores que iban con ella se encontraban personajes como el doctor Charles Meyron —quien luego escribiría su biografía—, su devota doncella la señorita Fry y un número cada vez menor de pretendientes. Las tribus nómadas que habitaban en Siria y el Líbano admiraban a esta mujer blanca, que montaba a caballo como un derviche enloquecido y que les exigía su protección para adentrarse en regiones peligrosas. El pasaje más conocido de su extravagante vida fue el día que llegó ante las murallas de Palmira en 1813 y fue recibida y aclamada por los nativos como una auténtica reina, una Zenobia moderna. Fue la primera europea en entrar en esta ciudad prohibida del desierto que bajo el reinado de Septimia Zenobia, hacia el año 266, se convirtió en la capital de Oriente.

Hester se retiró para descansar en un viejo monasterio de Djoun, en las montañas del Líbano. Allí vivió durante veintisiete años rodeada de su guardia personal, como una eremita. Primero se la consideró una personalidad local, viajeros, autoridades y hasta los beduinos querían conocerla. Se desplazaba siempre a caballo, adoptando las costumbres de los drusos, se vestía como ellos y fumaba en narguile. Servida por una treintena de criados, custodiada por una caravana de camellos, gobernaba su imperio sobre las poblaciones árabes e incluso intentó revolverse contra la autoridad británica y formar su propio ejército para combatir contra las tropas egipcias del pachá Ibrahim. Chateaubriand llegó a decir de ella: «Hester Stanhope renueva la historia de las princesas de Antioquia y de Trípoli», y el propio Lamartine la conoció en 1832 y describió su encuentro en su famoso libro *Viaje a Oriente* publicado en 1835. Para entonces ya era célebre y se convirtió en un personaje curioso y excéntrico que todos los viajeros querían conocer. Versada en ciencias ocultas, venerada como profetisa, lady Stanhope recibía a sus visitas tocada con un turbante fumando en su larga pipa turca y apabullando con sus interminables conversaciones.

Pero las depresiones que ya sufría de joven regresaron más fuertes que nunca, se volvió una mujer neurasténica y sus facultades mentales empezaron a mermar. Sus amigos y siervos nativos la fueron abandonando poco a poco. La reina Victoria en 1838 le suspendió la pensión que recibía para pagar sus deudas y se quedó sin dinero. Se convirtió en una eremita y buscó refugio en lo único que le quedaba, su dignidad. Murió en su cama, sola y abandonada por todos el 22 de julio de 1839, en la única compañía de sus cuarenta gatos.

Una lady entre beduinos

Lady Anne Blunt, nacida en 1837 y nieta de lord Byron, podía haber sido una heroína de sus novelas si su célebre abuelo la hubiera conocido. Esta joven inquieta casada con el extravagante poeta Wilfrid Blunt fue una incansable y audaz viajera que recorrió la península Arábiga atraída por la cultura árabe y la fama de sus purasangre. Anna Isabella fue la única hija del primer conde de Lovelace, y como tal recibía unos ingresos anuales bastante cuantiosos. Esta privilegiada situación le permitió casarse bien y viajar a lejanos países algo poco común para una mujer del siglo XIX. La pareja, como otros muchos viajeros de la época victoriana, partió a Oriente en busca de aventura. A su regreso Wilfrid escribió elogiosos poemas sobre los beduinos, a los que calificó como los «últimos hombres honorables y caballerosos». Los Blunt se identificaron tanto con los nómadas que acabaron comprando una casa, a las afueras de El Cairo, a un paso del desierto, donde vivían a la manera oriental. «Habían abandonado el cenagal de Europa, habían roto con la fealdad y el ruido, para bañar el alma enferma en la salutífera fuerza de Oriente. El mero cambio de las ropas de Londres, exentas de gracia, por las blancas túnicas de Arabia era como nacer de nuevo», escribió James C. Simmons acerca de esta singular pareja de exploradores.

Lady Anne no viajó con la intención de escribir un libro —aunque luego lo hiciera— ni con la idea de explorar remotas regiones. Quería descubrir la vida en el desierto y comprar caballos purasangre para sus cuadras en Inglaterra. Y así lo hizo, se convirtió temporalmente en una nómada, dejó atrás su confortable vida de aristócrata y sus elegantes vestidos de encajes. Ataviada de árabe, atuendo con el que se sentía libre y cómoda, cabalgó junto a su esposo los más de tres mil kilómetros desde el Mediterráneo hasta el golfo Pérsico sin guías ni caravanas. Esta actitud era bastante chocante en una época en que los viajes por el desierto constituían una auténtica proeza. A las tormentas de arena, la pérdida de rumbo, la falta de agua y alimentos, había que añadir los ataques de los bandidos. Todos los europeos que querían atravesar sin problemas estas regiones debían pedir protección a las tribus nómadas que encontraban a su paso. Nadie se atrevía a recorrer solo tantos kilómetros sin ayuda salvo la intrépida lady Anne, que con la única compañía de su marido tomó el camino del Éufrates ajena a todos los peligros.

Otro de los méritos de lady Anne fue conseguir la amistad de los beduinos que se dirigían a la pareja como: «Dos distinguidas personalidades de Inglaterra.» A diferencia de otros viajeros de su época, los Blunt viajaban sin prejuicios y sin juzgar las costumbres de los beduinos. Sólo así consiguieron ganarse su confianza y ser aceptados en sus campamentos. Compartieron con ellos largas noches junto al fuego, saboreando café amargo y deliciosos dátiles, durmiendo bajo las estrellas y participando en sus fiestas.

Regresaron a Inglaterra con mucho pesar y aunque en sus círculos lady Anne fue recibida como una heroína nunca aceptó que hubiera hecho nada notable, sencillamente, como reconoció: «Había tenido la buena fortuna de ver un poco más de lo que habitualmente se ve y aprender un poco más de lo que generalmente se sabe.» La nieta intrépida de Byron pasó su vejez recluída en su mansión de El Cairo —llamada Sheik O'Beyd—, donde sólo se hablaba árabe y se vivía a la manera oriental. Aquí murió el 15 de diciembre de 1917. Tenía ochenta años y fue enterrada al límite de su amado desierto.

La nómada rebelde

Isabelle Eberhardt, nació en Ginebra en 1877, y encontró en el sur de Argelia su verdadera identidad. Vestida como un árabe, se sentía feliz cabalgando en las dunas del desierto, durmiendo con los beduinos y luchando contra las injusticias sociales. Llegó a colaborar con el general francés Lyautey —quizá como agente de información— y compartió sus ideales de una colonización pacífica del Magreb. A la muerte de Isabelle, el mariscal francés escribió sobre su buena amiga: «Ella era lo que más me atrae del mundo: una rebelde. Encontrar a alguien que sea realmente ella misma, que no tenga ningún prejuicio, ninguna concesión, ningún cliché, y que pase a través de la vida tan liberada de todo como el pájaro en el espacio, ¡qué regalo!» Fue la suya una vida extrema y apasionada, llena de sufrimientos y ambigüedades.

Isabelle era hija ilegítima de una aristócrata rusa exiliada en Suiza y vivió en su niñez encerrada en el extraño universo de la villa familiar Villa Neuve que tenían al oeste de Ginebra. Creció casi recluída ante la indiferencia de su madre y la presencia dominante de Trophimowsky, un anarquista que ella siempre consideró su padre. Apodado Vava, este extravagante personaje, filósofo y erudito, se convierte en su tutor y la educa como a un chico. Como buen anarquista se niega a llevarla al colegio y él mismo le enseña filosofía, historia, geografía, química y un poco de medicina. Además aprende griego, latín, turco, árabe, alemán, italiano y sobre todo ruso, idioma que utiliza a menudo. En sus escasos ratos de ocio pinta, dibuja y escribe novelas y reflexiones como ésta: «Nómada fui cuando de pequeña soñaba contemplando las carreteras, nómada seguiré siendo toda mi vida, enamorada de los cambiantes horizontes, de las lejanías aún inexploradas, porque todo viaje, incluso en las regiones más frecuentadas y más conocidas, es una exploración.» Cuando lee a Pierre Loti, el escritor francés enamorado de Oriente, se siente hechizada por el islam. En poco tiempo lee el Corán en su versión original y escribe árabe clásico sin la menor dificultad.

Ya entonces Isabelle se viste como un chico y desprecia las prendas femeninas que encuentra ridículas y poco prácticas. En sus cartas se refiere a sí misma en masculino y utiliza distintos nombres, a veces era Mahmoud Saadi, otras Nicolás Podolinski. También en esa época ha publicado su primera novela corta, titulada *Infernalia*, que resume la personalidad atormentada y morbosa de la autora.

Tengo frente a mí un retrato suyo hacia 1895, tiene diecinueve años, viste un traje marinero, una gorra donde se lee la palabra Venganza; tiene un aire realmente andrógino, parece un joven adolescente pero su rostro le delata, es demasiado hermoso y delicado. En las pocas fotos que de ella se conservan aparece vestida de árabe o beduino. Como un siglo antes lady Montagu, sintió la llamada de Oriente, aunque ella no sólo aprendió turco sino que se convirtió al islam, perteneció a una hermandad sufí y llevó una vida mística. Era una mujer culta, espiritual y rebelde que con veinte años decidió conocer el soñado norte de África. En mayo de 1897 en su primer viaje al Magreb, le acompaña su madre Nathalie, harta también de su monótona vida en Ginebra. A su llegada a Bône (Argelia), se alojan en una espléndida villa del barrio europeo, pero pocas semanas después se instalan en el bullicioso corazón de la vieja ciudad árabe. Viven en una sencilla casa de adobe encalada donde pasan sus días más felices. Isabelle siente que éste es su país de adopción; viste una chilaba blanca, fuma kif, habla el árabe con soltura y frecuenta las mezquitas. Se hace llamar Mahmoud Saadi y, al igual que ella, su madre se convierte al islam adoptando el nombre de Fathima Manoubia.

Pero la felicidad dura poco. Nathalie, enferma del corazón, muere repentinamente a los pocos meses de su llegada y es enterrada en el cementerio musulmán. Su hija se siente deprimida, melancólica y sólo encuentra refugio en la «resignación» musulmana, comprende de inmediato el sentido de la palabra Inssh'Allah (Si Alá lo quiere) y empieza a recuperar la paz interna.

Isabelle decide viajar a Argel donde se comporta, siempre vestida como un muchacho musulmán, de forma extravagante. Frecuenta con la misma pasión los bajos fondos de la ciudad y las mezquitas donde acude a orar. Como si tuviera dos vidas Isabelle se debate entre el misticismo y las «bajas» pasiones, así escribe: «Luego venía la extraña "segunda vida", la vida de la voluptuosidad, del amor. La embriaguez terrible y violenta de los sentidos, intensa y delirante, contrastando singularmente con mi existencia de todos los días calmada y reflexiva...»

En 1899 Isabelle vive en Túnez, dedica su tiempo a escribir, pintar, fumar kif en los cafés, discutir sobre el Corán con intelectuales, meditar y rezar. También sigue frecuentando los burdeles y las zonas más peligrosas de la ciudad, se codea con prostitutas y ex presidiarios y reconoce tener «muchos amigos que me habían iniciado en los misterios de la Argel voluptuosa y criminal».

En Túnez es feliz y goza de una paz que describe en estas líneas: «Hace ya un mes que llevo una vida voluntariamente recluida y solitaria en una hermosa casa del barrio más tranquilo del viejo Túnez. Mis días pasan indolentes, tranquilos y silenciosos... Puedo estar horas en mi lecho árabe siguiendo el vuelo de mis pensamientos a lo largo de los días...»

De Túnez, viaja al Sáhara, recorre el desierto de Biskra hasta Touggourt, y renace en ella la pasión del viaje. En esta ocasión se hace pasar por un joven tunecino ilustrado que viaja para instruirse espiritualmente de morabito en morabito. En El Oued, Isabelle descubre el gran oasis del Suf, la puerta de entrada al Sur: «Desde la cima de esa duna se descubre todo el valle de El Oued, sobre el cual parecen cerrarse las olas somnolientas del gran océano de arena gris... Todas las ciudades de los países de arena, construidas con yeso ligero, tienen un aspecto salvaje, deteriorado y ruinoso.»

No ha podido olvidar la paz que sintió en El Oued y decide regresar allí en 1900, tras una breve estancia en Cerdeña y un viaje a Ginebra para ver a su hermano. Cabalga horas y horas por el desierto con su caballo, frecuenta las tribus nómadas, les acompaña en sus largos desplazamientos y vive con ellos en sus tiendas. Y en uno de estos viajes conoce al hombre que sería su compañero en su corta pero intensa vida. Se llamaba Slimène y es un joven oficial árabe del ejército. Lo suyo fue un flechazo a primera vista. Su apasionada relación molesta a los europeos residentes que consideran casi obscena la unión de esta europea con un espahí indígena. A ella poco le importa el escándalo y se queda a vivir allí con su amante dispuesta a renunciar a su carrera de escritora. El pasaje más excepcional de su vida tiene lugar en estos remotos parajes cuando es iniciada por una antigua y poderosa hermandad sufí, los Quadirya. Teniendo en cuenta el carácter cerrado de estas cofradías resulta sorpendente que fuera aceptada en su seno siendo además una mujer y europea. Isabelle se adentra en una vida marcada por el misticismo, ya nunca será la misma. Aunque a menudo está enferma a causa de la malaria y el paludismo, y se siente sola y angustiada escribe: «No, ciertamente nunca, ningún otro lugar de la tierra me ha embrujado y encantado como las soledades movedizas del gran océano desecado.»

Como otras viajeras, Isabelle tuvo la necesidad imperiosa de escribir todo lo que veía, quizá defendiéndose así contra la soledad. Sus manuscritos fueron encontrados entre el fango en su humilde casa argelina de Ain-Sefra en 1904 donde murió ahogada a la edad de veintisiete años, víctima de una riada. Fue enterrada según el ritual musulmán cubierta con una sábana blanca y mirando hacia La Meca. Sus cartas y diarios nos desvelan una vida excepcional, siete intensos años de una mujer que llegó a Argelia en 1897 buscando su destino. Por desgracia, su magnífica obra literaria quedó oculta tras su enigmática personalidad. Isabelle estuvo marcada por la fatalidad pero fue una viajera culta y curiosa que vivió al margen de los convencionalismos. Su viaje al Norte de África no tuvo nada de exótico, fue un duro peregrinaje para conocerse a sí misma y poner en orden su atormentada vida.

VIII

LAS GRANDES DAMAS DE ORIENTE

[...] pasé al noroeste del Bramaputra por el puerto de Temo después de haber estado de excursión por diversas montañas de los alrededores. Llegué a la confluencia de los ríos Giamda y Bramaputra, subí hasta la ciudad de Giamda y desde ahí me dirigí a Lhasa por la carretera de Chiamdo, la única ruta postal del Tíbet, construida por los chinos.

ALEXANDRA DAVID-NÉEL, 1925
Conferencia en la Sociedad Geográfica de París

En los países árabes los nombres de Gertrude Bell y Freya Stark todavía se mencionan con respeto. En el lejano Tíbet la figura de Alexandra David-Néel sigue rodeada de una aureola mística. Estas tres grandes damas de la exploración contribuyeron a su manera al mayor conocimiento de los países que visitaron. Compartieron el privilegio de conocer a importantes personajes políticos de su tiempo e incluso convertirse en sus consejeras. El Dalai Lama debió escuchar con el mismo interés a Alexandra que Lawrence de Arabia en Bagdad a Gertrude Bell. Es de sobra conocida la influencia que ejercieron Gertrude y Freya en su época. Además de explorar tierras ignotas, la primera contribuyó a la creación del moderno estado de Irak y la segunda trabajó para el Ministerio de Información británico en Egipto.

Alexandra David-Néel dedicó gran parte de su vida a descifrar los secretos filosóficos del País de las Nieves. Abandonó como sus compañeras una tranquila y confortable vida social —incluso un esposo— por una serie de retos que a punto estuvieron de costarle la vida. Pero todo valía con tal de conocer a los grandes maestros que la iniciaron en la teoría y en la práctica de la filosofía budista donde encontró su razón de vivir. Alexandra, además de experta orientalista y escritora, fue una valiente exploradora. Los más de ocho meses de peregrinación, llevados a cabo en condiciones durísimas, a través de regiones inexploradas para llegar a Lhasa, la convirtieron en una heroína nacional. Con cincuenta y siete años recibió en Francia una lluvia de medallas y reconocimientos, entre ellos los de las más prestigiosas sociedades geográficas y la Legión de Honor.

Entre finales del siglo XVIII y principios del XIX surgió en Europa un enorme interés por la antigüedad grecorromana, debido en parte a las expediciones que algunos viajeros ingleses y franceses hicieron por Grecia y el Oriente Medio en busca de restos arqueológicos. La moda del Grand Tour contribuyó también a este interés por las míticas civilizaciones del pasado.

Nuestras insignes exploradoras nacieron en un siglo que desde el punto de vista arqueológico dio algunos extraordinarios viajeros que sorprendieron con sus descubrimientos. Heinrich Schliemann halló hacia 1870 la ciudad de Troya en compañía de su mujer Sophie, que le ayudó en todas sus excavaciones. La pareja formada por el artista Frederick Catherwood y el arquitecto inglés John Lloyd Stephens se adentra en las selvas de México y encuentra las ruinas de los palacios mayas. Paul Émile Botta en 1843 descubre y recupera los toros alados de los asirios. En medio de estos ilustres nombres suenan los de algunas mujeres como Jane Dieulafoy o Amelia Edwards. Jane, apodada «la mujer que vestía de hombre» porque solicitó permiso al gobierno francés para usar pantalones, realizó valiosas investigaciones en Persia en 1880. Amelia registró todos los monumentos, tumbas, palacios y templos que encontró en el transcurso de su viaje por el Nilo. Publicó en 1862 su libro más famoso *Mil millas arriba del Nilo* y fundó la primera cátedra de egiptología en el colegio universitario de Londres.

Y es que junto a las pioneras en la exploración en Oriente como Gertrude Bell o Freya Stark, cuyos trabajos fueron reconocidos por la Royal Geographical Society de Londres, un buen número de viajeras posteriores se aventuró por los desiertos en busca de ruinas y ciudades milenarias. Armadas únicamente con una cinta métrica y unos cuadernos para hacer bocetos recorrieron remotas regiones a lomos de mula o camello. Jane Dieulafoy, Amelia Edwards o la excéntrica Rosita Forbes aportaron su grano de arena en el campo de la arqueología y la historia. Otras, como la escritora Ella Maillart, heredaron la pasión por Asia de sus antecesoras y exploraron no sólo la geografía sino los caminos del alma.

Alexandra David-Néel, la gran dama del Tíbet

Alexandra David-Néel vivió ciento y un largos e intensos años, quizá pocos para una mujer tan excepcional y polifacética. Porque esta dama rebelde, además de reputada orientalista, escritora y exploradora, fue pianista, cantante de ópera, fotógrafa, viajera y conferenciante. Por si todo esto fuera poco iba a pasar a la historia al ser la primera mujer occidental que logró entrar, en 1925, en la ciudad prohibida de Lhasa.

No está nada mal para una mujer que nació en el París de 1868, cuando estaban de moda los miriñaques y los corsés, y las chicas de su posición a lo máximo que podían aspirar era a encontrar un buen marido, eso sí, elegido por los padres. Alexandra, desde muy joven, se enfrentó a todos los convencionalismos sociales de su época, se negó a llevar corsé —en sus viajes vestía cómodos pantalones y más adelante la túnica naranja de los monjes budistas—, se casó con el hombre que ella eligió y no tuvo hijos. Cuando en 1911 abandonó su casa de Túnez —donde residía tras su matrimonio— y a su enamorado esposo, rumbo al Tíbet y el Nepal, ignoraba lo que aquel viaje la marcaría.

El padre de Alexandra, Louis David, era protestante y un profesor apasionado por la política. Fue amigo entre otros de Victor Hugo —en cuyas rodillas se sentó la viajera cuando era una niña— con quien se exilió a Bélgica cuando Napoleón III subió al poder. Allí conoció a su madre Alexandrine, una joven de familia distinguida y ferviente católica que soñaba con tener un hijo obispo. Para su decepción, nació una hija a la que se negó a cuidar, dejándola en manos de niñeras e institutrices. Cuando tenía dos años la familia se exilió a Bruselas, allí Alexandra descubrió en sus ratos de ocio a Julio Verne y otros autores que la hicieron soñar con lejanos y exóticos lugares que muy pronto conocería.

La indiferencia de su madre la marcó de por vida y por fortuna con los años se hizo buena amiga de su padre, a quien adoraba. Si a los cuatro años era una lectora empedernida, con cinco tocaba el piano con maestría. A los dieciséis y tras haber sido presentada en sociedad, empezaron sus famosas escapadas, primero a Holanda, luego a Inglaterra, a Italia y a España, país que recorrió en bicicleta. En París y Londres aprendió sánscrito, inglés y canto. Tuvo sus primeros contactos con el budismo del Tíbet y se hizo masona como su padre. Ya por entonces siente la llamada de Oriente y su padre ante lo inevitable, reconoce: «Mi hija tiene la piel blanca, pero su alma es amarilla.» Con veintiún años viajó a la India, con escala de unos días en Ceilán, recorrió Madrás y la ciudad sagrada de Benarés en un viaje de dieciocho meses que la marcaría para el resto de su vida. Aprovecha el tiempo al máximo, se enriquece con los mantras, recorre pagodas y monasterios, y entabla amistad con gurús y lamas. Regresa porque se ha quedado sin dinero, ha gastado toda su herencia familiar.

Alexandra tiene entonces veinticinco años, una edad en la que las jóvenes que aún no se habían casado solían dedicarse a la música y al canto. Como las dos cosas no se le dan nada mal y tiene que ganarse la vida asiste a clases en los conservatorios de Bruselas y de París. El destino quiso que regresara de nuevo a Oriente, pero esta vez como artista. En 1895 es contratada como primera cantante en Indochina, en la compañía de la ópera de Hanoi. Durante siete años se dedicó a su carrera musical, actuando en los escenarios de Atenas y en África del Norte pero nunca logró cantar en la ópera de París, que era su sueño.

Alexandra, que toda su vida fue una mujer imprevisible, decidió casarse a los treinta y seis años y abandonar los escenarios. En realidad sabía que nunca sería respetada como escri-tora ni como conferenciante si continuaba soltera. Así eran entonces las cosas, se necesitaba un marido para que en el mundo literario te tomaran en serio. Se dio cuenta además de que a su edad no podría vivir mucho tiempo de una voz que ya en Atenas le empezó a fallar.

En Túnez, donde fue contratada para dirigir el casino, conoció a Philippe Néel, un apuesto ingeniero de cuarenta años, que primero fue su amante y en 1904 se convirtió en su marido. La luna de miel duraría muy poco, Alexandra tuvo que viajar a París donde la reclamaban sus compromisos literarios, y una vez allí, al enterarse de que su padre está muy enfermo, partió a Bruselas. Tras la muerte de su padre, Alexandra regresó junto a su esposo.

Comenzaba su nueva vida de casada en Túnez. Pero Alexandra, que vive en una hermosa villa de aire oriental rodeada de lujo y confort, no se siente feliz. En las cartas que se conservan de aquella época, dice estar enferma y sumida en una profunda melancolía.

En 1911 su atracción oriental es ya muy fuerte y se plantea seriamente «marcharme o marchitarme», y ella acostumbrada a no doblegarse ante las dificultades, decide partir a Egipto con la excusa de recobrar la salud. Su auténtica vida empieza en ese momento, a los cuarenta y tres años, cuando renuncia a una cómoda vida burguesa de artista y escritora. Atrás deja las depresiones y angustias, y escribe a su marido en estos términos: «He emprendido el camino adecuado, ya no tengo tiempo para dedicarlo a la neurastenia.» A partir de entonces «la aventura será mi única razón de ser» y se deja llevar por lo que le dicta su interior. Embarca de nuevo a Ceilán, India, Sikkim, Nepal y Tíbet. Cuando llegó a la India habían pasado veinte años desde su última visita. Recorre los lugares sagrados donde predicó Buda y se reencuentra con sus amigos y sobre todo aprende de todo lo que ve. En 1912 viaja a Sikkim, donde descubre a su verdadero maestro, el superior o gomchen del monasterio de Lachen. Un personaje excepcional que impresiona a la viajera, «es un santo que ha adquirido mediante el yoga poderes supranormales». El gomchen acepta a Alexandra como su discípula y permanecen juntos casi dos años. El maestro le enseña tibetano y los secretos del tantrismo budista. Dos largos y duros años donde vive bajo una rígida disciplina, como una anacoreta: «He tenido que prometer permanecer un año a su disposición, en el monasterio de Lachen en invierno y cerca de su cueva en verano. No será divertido ni confortable. Son cuartuchos en los que se alojan los anacoretas tibetanos..., será muy duro, pero increíblemente interesante.»

Cuando acaba su aprendizaje, Alexandra es una mujer sabia, un ser iluminado. Los monjes budistas de los monasterios que visita en su viaje la acogen como a una hermana a la que llaman «Lámpara de Sabiduría». En Kalimpong, en 1912, tiene el honor de ser recibida por el Dalai Lama que ya ha oído hablar de ella. Es la primera mujer occidental que recibe el llamado Papa amarillo. Llega en palanquín vestida con su inseparable túnica de color ocre y se lamenta de tener que utilizar intérprete porque aún no entiende bien el tibetano.

Alexandra, viajera infatigable, continúa su periplo a Katmandú y descubre la belleza de una imponente naturaleza y sobre todo la luz del techo del mundo. Ha llegado al Tíbet donde se siente como en casa: «Por un momento quedé embrujada; he estado al borde de un misterio... Y no soy la única. Aquí todos los europeos experimentan esta extraña fascinación. Se dice "el Tíbet" casi en voz baja, religiosamente, con un poco de temor. Sí, voy a soñar mucho con ello... toda mi vida, y un vínculo quedará entre mí y esta región de las nubes y las nieves.»

Un vínculo muy especial unirá siempre a Alexandra con

este lugar. Pasan los meses y continúa su peregrinación mística que la lleva de nuevo a la milenaria Benarés. Hace más de dos años que ha salido de París, allí siguen con curiosidad su aventura, los mejores periódicos publican sus artículos y en los salones literarios sólo se habla de esta mujer algo excéntrica que han visto fotografiada a lomos de un yak y vestida con una túnica naranja. En todo este tiempo se sigue carteando con su marido, de quien nunca se separa legalmente, y que se convierte en su más fiel confidente y amigo.

Vive feliz, a su aire, viste como quiere y sólo en algunas excepciones, como cuando debe asistir a una recepción o una cena en su honor, debe volver al odiado corsé para vestir sus trajes de gala. Un corsé al que ella ya ha renunciado desde hace tiempo: «Durante mi estancia en Benarés, he vivido como una salvaje, sin corsé, cuello ni zapatos de verdad. En la actualidad estos accesorios me molestan, sobre todo porque estoy muy gorda y al no poder ponerme la ropa de antes tengo que apretar el corsé, lo que me molesta en extremo.»

En 1914 Alexandra conoce a alguien que iba a ser muy importante en su vida. Es un chico tibetano llamado Yongden, de catorce años y espíritu aventurero como ella, que contrata como *boy* en sus expediciones y al que adoptará como a un hijo. Permanecerán juntos durante más de cuarenta años, será su cocinero, porteador, secretario y le ayudará en las traducciones de los libros tibetanos. Yongden lo abandonará todo, incluso a su familia, por seguir a esta mujer que él considera su maestra espiritual. Los dos son discípulos de Buda y tienen una filosofía de vida muy parecida. «Siempre me han horrorizado las cosas definitivas. Hay gente que teme la inestabilidad; yo, en cambio, temo todo lo contrario. No me gusta que el mañana se parezca al ayer, y el camino sólo me parece atractivo cuando ignoro adónde me conduce», escribiría en aquellos días.

Alexandra que sigue siendo una mujer indomable a sus cincuenta y siete años, ya se siente preparada para llevar a cabo su gran proyecto, intentar llegar a Lhasa por una ruta que nadie antes había utilizado. Su fortaleza física y su capacidad intelectual ya han sido puestas a prueba de sobra durante su estancia en el monasterio de Lachen.

Para ella el viaje a Lhasa es ante todo un desafío. Está prohibida la entrada a los occidentales y a ella nadie le prohíbe nada. También siente curiosidad por entrar en una región que los mapas definen como «tierra desconocida». Lhasa le atraía por su misterio pero sobre todo sabía que si lo conseguía pasaría a la historia como la primera europea en poner el pie en la ciudad santa. Para su aventura se disfrazó de peregrina tibetana, se oscureció el pelo con tinta china, se hizo una peluca con la cola de un yak y se pintó la cara y las manos con hollín. En 1921 parte con una pequeña expedición compuesta por su fiel Yongden, un criado, dos novicias y siete mulas. Se tendrá que enfrentar a bandidos, funcionarios chinos, tigres, osos y lobos. Como precaución lleva consigo una pistola para ahuyentar a las fieras y a los extraños. A todos estos peligros hay que añadir el frío, las tormentas, el hambre y las penosas travesías por pasos a cinco mil metros de altitud. En 1923 celebra la Navidad en las montañas nevadas del Tíbet, el menú para tan significativo día es «caldo de cuero», el que obtiene hirviendo la suela de sus desgastadas botas.

Los tres meses de travesía que la deberían llevar a Lhasa se convierten por los conflictos de la región en tres largos y penosos años. Durante este tiempo vaga por las montañas y desiertos sin rumbo fijo, cuando se da cuenta de que de su expedición inicial sólo quedan ella y su hijo tibetano. Por fin en 1925 divisan los techos rojos del palacio Potala, han conseguido llegar a Lhasa donde permanecen de incógnito dos meses. Como más tarde le confesaría a su marido «jamás repetería esta aventura en las mismas condiciones...».

Cuando en 1925 Alexandra y Yongden regresan a Francia ya son famosos. Todos quieren conocer a esta mujer y a su extraño acompañante que han conseguido salir con vida del País de las Nieves. En 1928 harta de la vida en París, donde se siente observada como un bicho raro, compra una casa en Digne, en los Alpes franceses, que se convierte en su refugio.

Se rodea de todos los recuerdos de sus viajes y encuentra la paz para escribir, traducir antiguos textos budistas y meditar. En 1955 muere su compañero y amigo Yongden, y aunque durante un tiempo se siente hundida recobra las fuerzas para acabar la obra que los dos empezaron. Los siguientes diez años son de mucha actividad y sobre todo de honores y reconocimientos que ella lamenta no poder compartir con su hijo lama. Cuando cumplió los cien años, mandó renovar su pasaporte «por si acaso» y poco antes de morir le confesó a su secretaria que «no sabía absolutamente nada y estaba empezando a aprender».

Gertrude Bell, la reina sin corona de Irak

Gertrude Bell nació el mismo año que Alexandra David-Néel, en 1868. Las dos se convirtieron en las exploradoras más importantes de su tiempo. Tenían mucho en común, eran mujeres victorianas que se enfrentaron a todos los prejuicios de su tiempo. Vivieron en un universo de hombres que valoraban sus «cualidades masculinas» y las respetaban por su sabiduría y singular personalidad. Las dos eran damas cultas, solitarias, de fuerte carácter y voluntad de hierro. Y amaban la aventura, se internaron en regiones peligrosas y remotas poco frecuentadas por los europeos. Una encontró su lugar en Irak, la otra en las montañas nevadas del Tíbet.

La vida de esta inglesa que se convirtió en asesora de reyes, consejera de Lawrence de Arabia y exploradora fue tan apasionante como la de Alexandra David-Néel o la de Freya Stark, la última gran viajera de la historia. Una mujer solitaria, famosa arqueóloga, que escribía sobre el mundo árabe, donde se movía a sus anchas a pesar de ser mujer; una viajera infatigable que a lomos de caballo o camello recorría miles de kilómetros a través del desierto para llegar a las ruinas de alguna milenaria ciudad y penetraba en las zonas más peligrosas del desierto de Arabia. Una viajera que nunca perdió los modales de una gran dama británica: cenaba en su vajilla de porcelana en medio del desierto, y recibía en su tienda de campaña vestida con elegantes trajes de noche.

Gertrude nació cuando el Imperio Británico controlaba el mundo y ella fue a lo largo de toda su vida su mejor y más fiel embajadora. Fue una mujer típica del siglo XIX más cerca de sus antecesoras como Isabella Bird, que exploró el mundo impecablemente vestida a la última moda, sin renunciar al té de las cinco y a la bañera plegable. Este sentimiento de superioridad le acompañará toda su vida. Su abuelo, Lowthian Bell, fue el más importante metalurgio de la época, en sus fundiciones se producía un tercio de todo el hierro utilizado en Inglaterra. Gertrude heredó el carácter de este hombre vital, inteligente y cultivado miembro de la prestigiosa Royal Geographical Society, de la que más tarde ella también formaría parte. Su padre Hugh Bell, químico y matemático que continuó el negocio familiar, fue también un hombre culto y el típico caballero victoriano. Con el tiempo sería su único confidente y mejor amigo. La madre de Gertrude murió cuando ella apenas tenía tres años, durante el parto de su segundo hijo Maurice. Su padre tardó siete años en recuperarse de su muerte y al final se casó de nuevo con una joven escritora, Florence, hija de un eminente médico. Ésta le abrió las puertas al fascinante mundo de los libros y del arte y, más tarde, Gertrude recordaría que fue su madrastra la que le leyó por primera vez los cuentos de *Las mil y una noches*.

Tuvo la suerte de tener unos padres progresistas que viendo que su hija era una muchacha brillante la mandaron a estudiar a Londres al Queen's College y en 1886, ingresó en Oxford. Cuando Gertrude llegó a la universidad aún pudo oír al deán John Burgor dirigirse a las pocas mujeres que allí estudiaban en estos términos: «Dios os hizo inferiores a nosotros y permaneceréis inferiores hasta el final de los tiempos.» Gertrude tenía entonces dieciocho años y no sólo no se sentía inferior sino que siempre le costó encontrar un hombre que estuviera a su altura intelectual. Entre sus logros académicos figura el ser la primera mujer que se licenció en Historia Moderna en Oxford y la noticia apareció en *The Times*.

exploradora y militar del siglo XVII.

2 May French Sheldon en el espléndido
palanquín que utilizaba en sus expediciones.

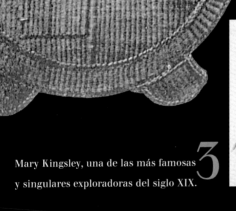

Mary Kingsley, una de las más famosas 3
y singulares exploradoras del siglo XIX.

Alexandra David-Néel, a los dieciocho años, el día de su presentación en sociedad.

La infatigable viajera Alexandra David Néel junto a su hijo adoptivo Yongden.

Gertrude Bell, la «reina» de Irak, exploradora, arqueóloga, y consejera de Lawrence de Arabia.

Florence Sass, la joven esposa del explorador Samuel Baker,
le acompañó en todas sus expediciones a África.

Retrato de Isabel Arundell,
esposa del explorador Richard Burton y su fiel compañera de viaje.

La escritora y viajera Isabelle Eberhardt vestida con traje oriental antes de partir a Argelia.

10

9

Isabel Burton llevó una vida aventurera y viajera junto a su marido, al que adoraba.

Lady Mary Wortley Montagu, en el **12** siglo XVIII viajó a Turquía desafiando a la sociedad de su época.

11

Uno de los escasos retratos que se conservan de Isabelle Eberhardt vestida de mujer.

13 Lady Hester Stanhope, para muchos la viajera más intrépida, recorrió las montañas del Líbano con su séquito.

La expedición a África de May Sheldon fue una de las más románticas y pintorescas del XIX.

Ella Maillart, viajera, fotógrafa, deportista y una notable escritora enamorada de Asia.

Lady Charlotte Canning recorriendo la India a lomos de elefante.

Ida Pfeiffer, una perfecta ama de casa y audaz viajera. Dio dos veces la vuelta al mundo.

Freya Stark en su juventud. Fue una de las grandes viajeras del siglo XX y vivió 100 intensos años.

Freya Stark vestida de árabe, exploró regiones desconocidas de Oriente Medio y nunca se cansó de ver mundo.

La aviadora Amelia Earhart fue la primera mujer en cruzar el Atlántico en solitario en 1932 y una auténtica heroína moderna.

Amy Johnson, intrépida aviadora inglesa nacida en 1903 y convertida en leyenda como Amelia Earhart.

22 La bailarina malagueña Anita Delgado, posando en su palacio como «Maharaní de Kapurtala».

Retrato de Anita Delgado, que vivió una vida de ensueño como una auténtica princesa de la India.

23

La exploradora Freya Stark montada en un poni en su trekking por el Nepal. Tenía 77 años.

24

25

Cristina Morató, en uno de sus primeros viajes, recorriendo a caballo la jungla del Petén en Guatemala en busca de ruinas mayas.

La señorita Bell era entonces una mujer culta, inteligente, algo arrogante y pocos hombres se atrevían a cortejarla. Tres años estuvo buscando pareja como mandaban los cánones victorianos. Recorrió salones de baile y llevó una intensa vida social hasta que se hartó y decidió emplear su vida en algo más interesante que «la caza del marido». A los veintitrés años, y con la excusa de perfeccionar el persa, se despidió de Inglaterra y partió rumbo a Oriente Medio. Cuando tras un largo viaje llegó a Teherán en 1892 creyó que había encontrado el paraíso. De su estancia de un mes en la legendaria Persia le quedó el recuerdo de sus cabalgatas por el desierto con un amor imposible, la visita a los palacios y al interior de los harenes. La sensualidad de Oriente la había atrapado como lo demuestra en esta carta enviada a su primo: «¿No te parece apaciguante para el espíritu echarse en una hamaca colgada entre dos palmeras, en un jardín persa, leyendo los poemas de Hafiz en un libro de piel extrañamente encuadernado, comprado en un bazar? Así paso las mañanas en esa ciudad. Un arroyo murmura cerca de donde estoy, y los jardineros zoroastros conducen sus aguas por medio de layas hasta pequeñas acequias que se pierden por los macizos de flores dispuestos alrededor. El diccionario, que está junto a mí en la hamaca, quizá no sea tan poético como los otros objetos del decorado. De modo que lo escondo bajo mi falda.» A su regreso a casa se puso a estudiar árabe, a escribir sobre sus experiencias en Persia y a traducir los emotivos poemas de Hafiz, todo un reto en el que trabajó durante dos años.

Antes de su gran expedición a Mesopotamia en 1909, Gertrude viajó a Jerusalén para continuar sus estudios de árabe y conocer a fondo la vida de los nómadas en el desierto. Desde allí organizó sus primeras expediciones al desierto, viajando siempre sola, con apenas un cocinero y dos muleros. A lomos de caballo o camello recorría los polvorientos caminos y exploraba las magníficas ciudades de piedra como Petra y Palmira. Durante su estancia en Oriente aprendió a montar a caballo como un hombre: «No volveré a usar sillas femeninas para un largo viaje, jamás como ahora me había sentido tan cómoda montando a caballo», escribía a su padre. Le divertía que la gente creyera que era un hombre, pero nunca vistió como tal a diferencia de otras viajeras. Su uniforme en el desierto era una camisa blanca de algodón, corsé, enaguas y falda larga con bolsillos de parche, medias negras y zapatos de cordones y una tela de algodón envuelta alrededor del salacot. Así, tan elegante, cabalgaba miles de kilómetros, dormía en las tiendas beduinas o tomaba medidas de las ruinas ocultas en la arena. La extensa biografía de Gertrude Bell escrita por Janet Wallach nos desvela infinidad de detalles como éstos y nos adentra en el alma de una viajera de raza que explora los desiertos de Siria y Jordania, y visita a los príncipes árabes en sus campamentos.

Cuando regresa a Londres de nuevo no pierde el tiempo. En la Royal Geographical Society, que frecuenta más que los salones, aprende topografía, a efectuar observaciones astronómicas y técnicas de cartografía.

Gertrude sentía pasión por los viajes, pero también le atraían las montañas. Con treinta y un años había escalado varias cimas vírgenes de los Alpes suizos y el Chamonix. «No existe nada tan delicioso como iniciar una campaña alpina, conocer al guía, hablar de grandes escaladas que parecen tan fáciles en el mapa y sacar la ropa de montaña nueva y limpia», escribía en sus notas.

En 1909 desea regresar de nuevo a Oriente Próximo. Inglaterra le aburre, los ingleses le parecen «de lo más previsibles» y a ella lo que le gusta es pisar tierras inexploradas. Decide viajar para estudiar seriamente las iglesias romanas y bizantinas, hacer moldes de las piedras y llegar a Irak. «Cuando uno acaba de llegar a Oriente, existe un momento en que se da cuenta de que el mundo empieza a menguar por un extremo y a crecer por el otro, hasta que toda tu perspectiva de la vida cambia», escribió estas palabras ese mismo año mientras iniciaba su primera expedición importante a la antigua Mesopotamia.

El viaje que emprendía era verdaderamente arriesgado y lo es aún hoy. Su gran aventura la llevaría hasta Irak a través del desierto sirio para luego recorrer ochocientos kilómetros siguiendo el cauce del Éufrates hacia el sudeste, hasta llegar a Bagdad. Desde allí pensaba dirigirse después a Turquía siguiendo el río Tigris. Gertrude, como todo gran explorador, preparó a conciencia su equipaje, aunque en su caso se rodeó de artículos poco prácticos para viajar por el desierto. Entre sus pertenencias había dos tiendas de campaña, una cama plegable, una mosquitera, una bañera, una silla de tijera, alfombras, mesa, batería de cocina, mantelerías, vajilla de porcelana, juego de té, cristalería y cubertería de plata para cenar en condiciones. Alquiló siete animales de carga, una docena de caballos y tres muleros para poder transportar tan voluminoso equipaje. En su baúl metió sus pistolas y un rifle y llenó sus alforjas de libros, mapas y cámaras. Tras siete meses de viaje Gertrude estaba feliz porque había cumplido su objetivo y escribió: «Hemos recolectado una cosecha que sobrepasa los vuelos más descabellados de mi imaginación. Me siento como si hubiera visto todo un mundo nuevo y aprendido varios capítulos nuevos de la historia.» A su regreso a Inglaterra trabajó en su segundo libro sobre sus descubrimientos en Mesopotamia.

En el siguiente viaje Gertrude, que ya era una respetada arqueóloga y arabista, conoció en unas excavaciones en el desierto sirio a un joven de veintitrés años, especializado en alfarería medieval. Se llamaba Thomas Edward Lawrence y pasó con él una agradable tarde charlando sobre las nuevas técnicas de excavación y las tumbas chiítas que habían descubierto recientemente. Gertrude estaba hablando con el futuro Lawrence de Arabia, el hombre que más tarde y gracias, en parte, a sus consejos se convertiría en una leyenda.

Gertrude, que no dejó de recorrer los desolados desiertos de Mesopotamia, ahora tenía un sueño: explorar el corazón de Arabia central. Sabía lo peligroso que era cruzar el desierto del Nejd, pero amaba ese espacio infinito: «Para los que como yo han crecido en un orden social muy complicado, hay pocos momentos tan estimulantes como los que preceden a un viaje por tierras vírgenes. Las puertas del jardín prohibido se abren de par en par, cae el candado de la entrada al santuario... y como en un cuento de hadas uno siente cómo se rompen las ataduras que le oprimían el corazón.» Y volvió al desierto, a los oasis de palmerales, donde los jefes de las tribus nómadas la recibían en sus tiendas, le enseñaban sus harenes y ella, como si estuviera en su casa, charlaba con las mujeres beduinas, bebía café amargo y probaba la amarga leche de camella.

Gertrude, a pesar de sus cortas escapadas a Londres, en sus últimos años fijó su residencia en la ciudad de Bagdad. Siempre inquieta y curiosa, desempeñó un papel importante colaborando en la creación del moderno estado de Irak. Fue la única mujer que consiguió el grado de agente político durante la Primera Guerra Mundial y la única que trabajó como secretaria del Foreign Office. Por si fuera poco los miembros de la sociedad científica más prestigiosa de su época, la Royal Geographical Society de Londres, le otorgaron la medalla de oro y fue condecorada con la Orden del Imperio Británico.

Y sin embargo, la señorita Bell, una de las damas más poderosas de su tiempo, nunca tuvo suerte con los hombres. Los suyos fueron amores imposibles que la marcaron profundamente. Su novio de juventud, al que conoció en el primer viaje a Teherán, murió en un accidente y ya en su madurez vivió un apasionado romance con un hombre casado del que sólo pudo ser su amiga. Gertrude recibió más honores que cualquier mujer de su época pero en su vida sentimental no fue feliz. En 1914 reflejaba su estado de ánimo en una carta a un amigo: «La aventura te deja con una sensación de desilusión; ¿lo has sentido alguna vez? Polvo y cenizas en las manos, y huesos que no parece que hayan estado vivos. Al final no es nada, piensas, y lo dejas con un suspiro, tratando de mirar más lejos.»

Quizá aquel caluroso día de julio de 1926, decidió acabar con su vida porque se encontraba muy sola o sufría alguna de sus frecuentes depresiones. Tenía cincuenta y ocho años y a su entierro multitudinario en Bagdad acudieron militares, jeques, beduinos y miles de ciudadanos de a pie para rendir honores a una mujer, de espíritu indómito, que los últimos diez años de su vida los dedicó de lleno a la causa árabe.

Freya Stark: un siglo de aventuras

Freya Stark fue, junto con Alexandra David-Néel, la más longeva de nuestras famosas viajeras. Nació en París en 1893 y vivió cien intensos años. Lawrence Durrell la definió como una «poeta del viaje», aunque fue muchas cosas más: historiadora, filósofa, deportista, exploradora y artista. Hablaba correctamente nueve idiomas y escribió treinta libros de viajes. Fue como su predecesora, Gertrude Bell —con la que existió una gran rivalidad—, una enamorada de Oriente Medio que exploró sola desde Persia hasta Yemen, descubriendo ciudades perdidas y viviendo mil aventuras. Nunca se cansó de ver mundo, de extasiarse ante lo que veía: «La palabra "éxtasis" está siempre relacionada con algún tipo de descubrimiento, con una novedad para los sentidos o para el espíritu, y los aventureros están dispuestos a enfrentarse a los desconocidos en la búsqueda de esta palabra, ya sea en el amor, en la religión, en el arte o en los viajes», escribiría.

En la excelente biografía sobre su vida escrita por Jane Fletcher, Freya recordaba que su amor por los viajes comenzó cuando su padre la cargaba siendo casi un bebé dentro de una cesta en sus excursiones por los Dolomitas en Italia. Sus padres fueron una pareja de refinados artistas bohemios que llevaron una vida bastante nómada. Cuando se separaron, Flora, su madre, se instaló en Asolo, al norte de Italia con sus hijas. Aunque su juventud la pasó en Italia, estudió un tiempo en Londres, en la Escuela de Estudios Orientales. Freya siempre se sintió inglesa y admiradora del poderoso Imperio Británico. Sea por las lecturas de infancia —*Las mil y una noches* o las obras de Kipling— o por la posibilidad de romper con su monótona vida o porque Oriente le parecía el lugar más exótico del mundo, Freya se puso a estudiar árabe. Durante la Primera Guerra Mundial tuvo que abandonar sus estudios y trabajó como enfermera voluntaria, sin dejar nunca de escribir ensayos más que notables para una joven de su edad.

En 1927, con treinta y cuatro años, viajó por primera vez a Siria y a Persia, con la excusa de practicar el árabe y recuperar su salud. Se embarcó en un carguero rumbo a Beirut dejando atrás «una vida anodina y una madre dominante». Freya era una mujer soltera, que viajaba sin cartas de recomendación, sin amigos y sin apenas dinero. Se instaló en la aldea de Brummana, en las montañas del Líbano, y contrató los servicios de un profesor sirio para seguir perfeccionando el árabe. Entonces empezó a interesarse por la historia y las costumbres de los drusos, una antigua secta musulmana de Oriente Próximo. Al poco tiempo de su llegada esribiría: «Oriente me está absorbiendo. No sé exactamente lo que es; no es su belleza, ni su poesía, ni ninguna de las cosas habituales... y, sin embargo, siento el deseo de pasar aquí muchos años, pero no aquí, sino más hacia el interior, hacia donde espero partir tan pronto como aprenda árabe suficiente para poder conversar normalmente.»

Un año después con su escaso equipaje y un revólver se dirigió hacia Damasco para empezar a hacer realidad algunos de sus audaces proyectos. Allí permaneció un tiempo y tuvo su primer encuentro con el desierto, con las tribus nómadas que tanto fascinaron a otras viajeras anteriores como Anne Blunt o Hester Stanhope. Freya tenía en mente una idea descabellada e imposible, viajar al territorio conocido como Jebel ed-Druz o Montaña de los Drusos, visitar las aldeas y entrevistarse con los líderes espirituales de esta comunidad. El problema es que esta región se encontraba bajo la ley marcial francesa desde la reciente rebelión drusa. Sin hacer caso de los consejos, y en compañía de una amiga, se pusieron en camino y viajaron a lomos de burro más de cien kilómetros desde Damasco a su remoto destino en las montañas. Durante el trayecto habían dormido en las aldeas drusas y los oficiales que las encontraron no daban crédito a lo que estas dos excéntricas mujeres les contaban. Cuando fue detenida por penetrar en el cordón militar que rodeaba a los rebeldes drusos, se convirtió en una leyenda mundial. Freya había estado a punto de ocasionar un incidente internacional, pero ahora ya era famosa.

La región libanesa de Jebel ed-Druz había sido ya recorrida por otras intrépidas viajeras anteriores a Freya. La primera europea que se aventuró por estos remotos territorios fue Gertrude Bell y también la extraña viajera Hester Stanhope. Muchos vieron en Freya a la sucesora de Gertrude, la llamada «reina del desierto», la mujer que ayudó a trazar las fronteras del actual Irak. No llegaron nunca a conocerse pues un año antes de la llegada de Freya al Líbano, Gertrude Bell se había suicidado. En realidad eran bastante similares: deportistas, aventureras, cultas, les fascinaba la arqueología y vivieron en Oriente buena parte de su vida. Pero a Freya no le gustaba que la comparasen con la señorita Bell, ella se había hecho a sí misma, no había podido estudiar en Oxford ni era hija de un rico magnate del acero.

Tras siete meses de viaje Freya regresó a Italia con un sueño, volver a Persia para estudiar una secta religiosa que durante años había aterrorizado a Oriente, conocida como los Asesinos. En 1929 viajó a Bagdad, la capital de Irak, donde había pasado sus últimos años Gertrude Bell. A diferencia de su antecesora alquiló una diminuta habitación en un popular barrio de prostitutas. Las damas británicas nunca aprobaron que viviera en semejante tugurio pero a ella siempre le importó muy poco la opinión de los demás. Aprovechaba el tiempo leyendo el Corán y preparando nuevos viajes, esta vez a las ruinas de la fortaleza de los Asesinos. Con su cámara, mapas, libros, sin importarle el frío o el calor abrasador, Freya viajó de nuevo sola para encontrar las ruinas de la antigua secta. En su empeño estuvo a punto de perder la vida. Por entonces se convirtió en una experta exploradora, llenó los espacios vacíos de los mapas del gobierno británico y corrigió numerosos errores. Localizó además nuevas montañas y aldeas que no figuraban en los mapas. A su regreso a Europa, la Royal Geographical Society reconoció sus estudios y el valor de sus exploraciones y le otorgó una beca para continuar sus trabajos en Persia. Premiada y reconocida por los miembros de la insigne sociedad científica, Freya recordaba divertida a los que no habían creído en ella y le habían dado la espalda: «Un día de éstos tengo que hacer la lista de las razones por las que se me ha considerado loca y de los que así lo han hecho: sería una mezcla sumamente divertida».

Al comienzo de la Segunda Guerra Mundial Freya trabajó en Adén, Yemen, como experta en Arabia del sur para la Oficina Colonial del Ministerio de Información en Londres. El gobierno sabía de sus buenas aptitudes, su profundo conocimiento del Oriente Próximo —hablaba por entonces varios dialectos árabes— y sus buenos contactos en la zona. La viajera se sentía satisfecha por tener un pequeño papel en la guerra. Convencer a los árabes para que apoyaran la causa de los aliados iba a ser una ardua tarea, pero los retos la encantaban. También colaboró como espía, llegando a organizar una red de inteligencia antinazi. Cuando acabó la guerra sus superiores le dijeron que no había más trabajo para ella en Irak. Así que regresó a Europa y se refugió en su casa italiana de Asolo, para meditar, recuperarse y escribir nuevos libros que la consagrarían como una de las mejores autoras de su género.

Al igual que Gertrude Bell, Freya tampoco tuvo mucha suerte en el amor. Cuando tenía cincuenta y cuatro años se casó con un diplomático pero el matrimonio duró apenas cuatro años. Su vida en común en Barbados no fue muy idílica, el Caribe le resultaba bastante aburrido en comparación con la intensa vida que había llevado en Oriente Medio. Además su marido era homosexual y cuando finalmente se atrevió a salir del armario, Freya puso tierra de por medio. Turquía se convirtió entonces en uno de sus países favoritos. Con la misma ilusión que veinte años atrás se puso a aprender el turco, a documentarse y a estudiar los mapas. Durante la siguiente década dedicó todas sus energías a dar a conocer al gran público la historia de este fascinante país. Escribió varios libros de viaje sobre la región de Anatolia, y a sus setenta años daba largos paseos a pie y a lomos de mula. Un público fiel devoraba sus relatos que se convertían siempre en éxitos de ventas.

Quien crea que la vida de Freya acabó aquí se equivoca. Porque a pesar de haber padecido en su vida innumerables enfermedades, los viajes le alargaron la vida. Así lo escribió en una ocasión: «Si somos fuertes y tenemos fe en la vida y en su abundancia de sorpresas y mantenemos firme el timón en nuestras manos, estoy segura de que llegaremos a aguas tranquilas y gratas para nuestra vejez.» Y ella, como había llegado a una edad más que respetable, se dedicó a recorrer Europa, tomar el té con sus innumerables amigos —entre ellos la reina madre de Inglaterra— y regresó a Yemen. Visitó China por primera vez cuando tenía setenta años y condujo en jeep a través de Afganistán a los setenta y seis, después la filmaron descendiendo el Éufrates en una balsa de troncos y a caballo en el Nepal. A los ochenta y nueve años atravesó a lomos de mula algunos pasos del Himalaya, a 5.000 metros de altitud. Le hubiera gustado morir allí a la sombra del Annapurna, pero aún viviría once años más. Por entonces ya había sido nombrada Dama del Imperio Británico y era una de las más famosas y respetadas exploradoras. Siempre fiel a su idea: «Lo más importante que el viajero lleva consigo es su propia persona», fue la última representante de los viajeros románticos.

«Al fin y al cabo, la Tierra está aquí, me pertenece, quiero verla, quiero recorrer desiertos y montañas. La Providencia me ha dado unos ojos que quieren ver...», quien esto escribía fue otra viajera excepcional, Ella Maillart, enamorada de Asia y una notable escritora que recorrió el mundo ligera de equipaje y con gran valor. Comenzó sus viajes en 1914 cuando aprendió a navegar y a esquiar en los lagos y montañas de su Suiza natal. Fue una mujer rompedora, fundó el primer club suizo de hockey femenino, viajó en kayak por el Volga, compitió en regatas y fue corresponsal de guerra en Manchuria. Pero sobre todo fue una mujer sabia y comprometida que en sus viajes quiso conocer otras culturas y de paso «conocerme a mí misma». Para Ella el viaje, aventuras aparte, se convertiría en una búsqueda espiritual como lo fue para Alexandra David-Néel.

A la edad de veinte años salió navegando con tres amigas desde Marsella hasta Atenas, donde vendieron el barco. Fue una experiencia muy emocionante pero no lo bastante para la inquieta viajera. Sin apenas dinero pero con una curiosidad inmensa viajó a Moscú, supuestamente para escribir acerca de la industria del cine, pero en realidad era para observar la vida en Rusia y adentrarse en regiones poco exploradas. Su primer libro es un relato de un *trekking* remarcable que realizó en 1932 desde Moscú hasta las fronteras orientales del Turquestán ruso.

En 1934 fue nombrada corresponsal especial del periódico francés *Le Petit Parisien* y se marchó a Manchuria, ocupada por aquel entonces por el ejército japonés. Allí conoció al periodista inglés Peter Fleming y, juntos, emprendieron un peligroso viaje que sería legendario. Regresaron a Europa partiendo de Pekín, atravesando el Turquestán chino —cerrado a los extranjeros y en guerra— remontando la cordillera del Karakorum hasta llegar a Cachemira y a la India. Fueron ocho meses de viaje, donde tuvieron que enfrentarse a todo tipo de penalidades. La dureza del clima, la extrema pobreza de la región, la dificultad para encontrar camellos y la amenaza constante de los bandoleros no consiguieron doblegar a Ella. A su regreso la intrépida escritora y fotógrafa escribió uno de sus libros más famosos *De Pekín a Cachemira. Una mujer a través del Asia Central en 1935.*

El siguiente viaje de Ella Maillart fue en 1939 y lo hizo en coche desde Ginebra a Kabul y Peshawar. Cuando llegó a la India acababa de estallar la Segunda Guerra Mundial y la viajera se asentó en una aldea al sur de Madrás donde pasó cinco años entregada a la oración, la meditación y viviendo de forma espartana. Fue aquella una época dura pero inmensamente feliz, en la única compañía de su gato Ti-Puss —protagonista de uno de sus libros—, y siguiendo las enseñanzas de su gurú, Ramona Maharshi: «Explorando el no cartografiado territorio de mi propia mente», según sus propias palabras.

En 1939 en compañía de su amiga, la también escritora y fotógrafa suiza Annemarie Schwarzenbach, emprendió otro fascinante viaje a través de Turquía, Persia y Afganistán. Desde Suiza las dos mujeres viajaron solas en coche a los lugares más agrestes de Asia. Unos años después de su aventura publicó *La ruta cruel*, otra muestra de su talento como escritora de viajes.

A partir de 1946, Ella Maillart se instaló definitivamente en un pequeño y acogedor chalet en la aldea de Chandolin, en los Alpes suizos. La autora, que alimentó los sueños viajeros de toda una generación de trotamundos, murió a los noventa y cuatro años sin haber perdido un ápice de su insaciable curiosidad.

IX

ELLAS TAMBIÉN EXPLORAN

Este viaje es muy distinto de los otros, pero es de los más duros. Jamás pensé que viviría una expedición como aquélla. No podríais reconocer a vuestra amiga enferma, a horcajadas sobre un espléndido animal, con pantalones y falda azul, con largas espuelas de cobre pertenecientes a un generalísimo del ejército marroquí, cabalgando por los lugares más difíciles que puedan imaginarse, donde la caída de una piedra, o un simple resbalón, acarrearía la muerte.

ISABELLA BIRD, 1900

Ya hemos visto que en el siglo XIX las mujeres no viajan sólo por placer y para divertirse, sino con un fin —secreto a veces— muy concreto. Recolectar mariposas, pintar flores tropicales o descubrir ciudades y ruinas antiguas. Cualquier motivo es bueno para ampliar el conocimiento y recorrer lejanos países. Dos importantes viajeras coinciden en su tiempo; Isabella Bird y Mary Kingsley son las auténticas heroínas del momento. La revista *Vanity Fair* las bautiza como «las ladies aventureras» y sus libros mantienen en vilo a miles de lectores.

A partir de los siglos XVIII y XIX el mundo se empieza a explorar de manera científica, ya no se viaja sólo por curiosidad sino para investigar y descifrar los secretos de la naturaleza. Hombres de la talla de Humboldt y Darwin, que representan el espíritu de la época, ayudan a algunas de nuestras inquietas exploradoras. Alexander von Humboldt, admirador de la labor

de Ida Pfeiffer, le brindó todo su apoyo y hasta una carta de recomendación que decía: «Ruego encarecidamente a todos los
que, en las diferentes regiones de la tierra, conservan algún recuerdo de mi nombre y afición por mis trabajos, acojan con
interés y ayuden con sus consejos a la portadora de estas líneas:
la señora Ida Pfeiffer.» Darwin animó, entre otras, a Marianne
North para que viajara y pintara las plantas y las flores de los
lugares más recónditos de la tierra.

Mujeres como ellas fueron en la época victoriana doble-
mente excéntricas aunque fueran respetadas por sus colegas
más insignes. Por un lado porque se realizaron como mujeres
en sus respectivas profesiones sin ser necesariamente esposas
y madres ejemplares, y en segundo lugar por atreverse a viajar
a remotos lugares que no existían en los mapas. A las científicas, como a las escritoras, tampoco se las tomaba en serio. Ida
Pfeiffer, que no tenía, como la Kingsley, ninguna preparación
científica, fue capaz de dar dos veces la vuelta al mundo —recorrió unos 240.000 kilómetros por mar y 32.000 por tierra—
llegando a regiones que hasta entonces no había pisado el
hombre blanco. Consiguió reunir en sus viajes importantes colecciones naturales y etnográficas para los museos de Viena.
De ahí que el gobierno austriaco le concediera una pensión y
fuera miembro honorario de las más importantes sociedades
geográficas del momento.

En el siglo XIX algunas mujeres emancipadas se convirtieron en célebres viajeras. Los viajes fueron para ellas una válvula de escape, una forma de vivir en libertad, a veces sin perder los modales y la estricta moral de una dama. Nadie puede
imaginar que una apacible y amable ama de casa burguesa dedicada a criar hijos se convierta un buen día en una intrépida
aventurera. Y lo hacen cuando ya los hijos han crecido y ellas
tienen más de cuarenta años. Pasan de llevar una vida monótona dentro del hogar a escalar imponentes montañas y a enfrentarse a tribus de antropófagos. Éste es el rasgo más fascinante de sus vidas. Isabella Bird, cuyos exóticos viajes por el
mundo hicieron volar la imaginación a la mujeres de la segunda mitad del siglo XVIII, era una mujer callada y obediente

en casa pero una vez salía de viaje, y según sus propias palabras, se transformaba: «De repente era una mujer poco femenina, dispuesta a todo, por fin mis piernas eran libres...» Otras cuando enviudan o se separan de sus maridos y ya no tienen que pedir permiso a nadie para ser ellas mismas se lían la manta a la cabeza y salen a ver mundo.

Las mujeres viajeras cuyas vidas hoy nos siguen fascinando tuvieron que enfrentarse además de todo lo dicho, a las presiones familiares, al escándalo y a la marginación por querer vivir una vida propia. Margaret Fontaine, otra interesante exploradora victoriana, escribió en su diario íntimo: «Al parecer podía elegir entre vivir una vida libre y errante con un amante quince años más joven que yo, o casarme con un hombre de edad adecuada que gozaba de buena posición y en muchos aspectos era muy deseable. Sólo una necia vacilaría... Y esa necia era yo.» Por fortuna muchas «necias» como Margaret rompieron los moldes y demostraron que podían viajar y organizar ambiciosas expediciones al corazón de África igual o mejor que sus coetáneos Burton, Stanley o el mismo Livingstone.

A pesar de la ironía y el humor que salpican los relatos de las viajeras del XIX aún hoy sus viajes constituyen auténticas hazañas. Los peligros a los que tuvieron que enfrentarse, animales salvajes, caníbales, ciénagas plagadas de insectos, no fueron ninguna tontería. Como tampoco lo fueron las depresiones, la soledad, el miedo a la violación o las enfermedades. Es frecuente que aquellas viajeras cayeran en depresiones, por una parte aunque habían tenido la valentía de lanzarse en solitario a recorrer remotos mundos, se sentían tremendamente solas. La mayoría no han tenido suerte en el amor y en sus viajes siguen recordando aquellos amores imposibles que tan desdichadas las hicieron. Tras estas mujeres de fuerte carácter y personalidad, autoritarias y en apariencia seguras de sí mismas, se esconden almas atormentadas y solitarias que no encajan en la sociedad que les ha tocado vivir. La viajera victoriana Margaret Fountaine cuando pasaba largas temporadas sola o sin tener noticias de su amado egipcio caía en una depresión que la hacía escribir cosas como: «A menudo deseaba morir y dejar de ser desdichada en mis viajes. Nadie lloraría por mí: mis hermanas, por decencia callarían, pero interiormente sentirían la satisfacción de ver aumentar un poco sus ingresos...» La famosa Mary Kingsley a la muerte de sus padres siente un gran vacío y no sabe qué hacer con su libertad. Tras una vida dedicada a servir a los demás escribe: «Me voy al África occidental a morir.» La misma Gertrude Bell, incansable viajera y asesora de Lawrence de Arabia, escribe en una ocasión cuando recuerda un amor imposible: «Salvo por lo del museo, no tengo ningún interés por la vida. A veces se tiene la impresión aguda de llegar al final de algo sin estar segura de la continuación, sin estar segura de qué pueda haber a continuación. Todo es triste, salvo el trabajo. No sé qué hacer de mí misma durante las tardes.» Cinco años después de escribir estas líneas, la mujer más poderosa del Imperio Británico ponía fin a su vida.

Pero a pesar de sus depresiones y frecuentes ataques de neurastenia, estas incansables damas raramente se echaban atrás. Algunas sólo consiguieron sentirse vivas cuando emprendieron un viaje lejano del que no sabían si podrían regresar. Y lo hicieron a una edad en que la sociedad les cerraba todas las puertas, sobre todo si eran solteras. En los tiempos de Gertrude Bell, las muchachas de su clase social no solían ir al colegio. Por muy inteligentes que fueran, una institutriz las educaba en casa, y a los diecisiete años se las presentaba en sociedad. A partir de ese momento se esperaba que encontrasen marido en las tres temporadas siguientes. Si esto no ocurría, podían atender enfermos, estudiar piano y canto o quizá hacerse misioneras. No existía para ellas otro horizonte.

Tanto Mary Kingsley, como Isabella Bird o Ida Pfeiffer comenzaron a viajar superados los treinta años. En su época, si a esta edad no te habías casado te convertías automáticamente en una «solterona» y tenías muy pocas posibilidades de hacer algo interesante en la vida. Muchas, para escapar a su destino, se hicieron exploradoras o misioneras. Viajar les permitía hacer algo útil, y encontrar un sentido a su vida. Algunas, sin ellas pretenderlo, fueron famosas escritoras, y sus libros de viajes se convirtieron en auténticos best sellers.

«Locas y excéntricas»

En aquella Inglaterra del siglo XIX, la imagen de una dama victoriana atravesando sola la jungla vestida con apretados corsés y pesadas enaguas provocaba burlas y estupor; por lo general se las tachaba de «locas, excéntricas y marimachos». Y justamente lo que hace más inverosímiles sus viajes es que, en una época en que no existían como ahora las frescas camisas de algodón y los pantalones de safari, viajar al desierto vestida como para tomar el té era en sí una proeza. Algunas puritanas, quizá por miedo a ser atacadas por los «salvajes», viajan con camisas cerradas hasta el cuello —a más de 40 grados a la sombra—, y se protegen del sol con delicadas sombrillas de encaje. Ida Pfeiffer se pasea por Borneo entre exóticas mujeres vestidas con llamativos pareos de flores, enteramente de negro. En ocasiones, la confunden con una predicadora o misionera. Viaja con sus pesados y calurosos vestidos, sin importarle las críticas, en barco, piragua, camello o palanquín. Sólo en una ocasión Ida decide cambiar su atuendo ante la imposibilidad de seguir el viaje. Ocurrió en el territorio de los temibles dayaks, sus medias de algodón y la larga falda, empapadas de fango y espinas le impiden caminar por la espesa selva. Entonces la exploradora decide ponerse un pantalón debajo del vestido. A Ida, como a otras viajeras, no le importa que los nativos anden desnudos, pero ellas en Borneo como en Londres, deben dar una imagen digna, aunque para ello caminen varias semanas con la misma ropa. Mary Kingsley defendía así su vestimenta: «Me encontraría ridícula si en los viajes me vistiera de distinta forma a como suelo hacerlo en casa. Me parece que lo que para Cambridge y Londres resulta correcto satisfará las refinadas exigencias de los "africanos blancos".»

Mary descubrió en uno de sus viajes lo útil que podía resultar en África vestir una gruesa falda de paño y unas enaguas resistentes. En una ocasión cayó desde varios metros de altura al fondo de una trampa provista de puntas de lanza. Sus ropas la salvaron de un daño mayor y sólo sufrió una leve contusión de la que se repuso en dos días.

Sin ir más lejos en el año 1905 la famosa exploradora Gertrude Bell tuvo que oír más de una vez burlas y descalificaciones en torno a su persona como les ocurriera a sus antecesoras. El viajero Mark Sykes con el que coincidió en Jerusalén y que también realizaba investigaciones en Oriente Medio dijo en voz alta una vez lo que muchos pensaban de las viajeras y exploradoras en aquellos tiempos: «Gertrude Bell es una charlatana tonta y ruidosa, una imbécil engreída, de pecho plano, un marimacho, una trotamundos que no hace más que menear el culo y decir tonterías.»

Algunas viajeras se crearon un personaje excéntrico y extravagante para defenderse con esta coraza del rechazo y las críticas. Si se las consideraba raras o estrafalarias podían moverse a sus anchas entre los hombres. El famoso explorador británico Richard Burton fue uno de los más extravagantes de su tiempo. Le gustaba cambiar de personalidad y se disfrazó de peregrino afgano para entrar en La Meca, de derviche, de santón o de gitano para pasar desapercibido. Era el aventurero por excelencia —hablaba veintinueve idiomas—, pero el menos convencional de los exploradores de su época. Por lo pronto sus opiniones sobre la emancipación sexual de la mujer inglesa y el derecho a gozar del sexo como los hombres provocaron un auténtico revuelo. En una sociedad como la victoriana donde a las mujeres antes de casarse se les decía que su deber era «yacer, estarse quietas y pensar en el Imperio», que alguien hablara del sexo como placer y no como incómodo deber era inadmisible. Pero a Burton se le debe también las traducciones de obras eróticas como *Las mil y una noches* y el descubrimiento para Occidente del Kama-sutra. El sexo fue durante su vida una pasión y antes de su matrimonio era un hombre bastante promiscuo que frecuentaba los burdeles de la India. Sus biógrafos apuntan que era bisexual y su mujer Isabel montaba en cólera cada vez que le oía decir que el estado ideal del hombre era la poligamia. Para rematar Burton era un adicto a diversas drogas como el cannabis y el opio que le ayudaban en su búsqueda espiritual. Su vida excéntrica le acarreó muchas enemistades, pero no le impidió ser, como Mary Kingsley o Isabella Bird, uno de los más grandes y eruditos aventureros del siglo XIX.

La reina de África

La inglesa Mary Kingsley, nacida en 1862, representa mejor que ninguna el prototipo de viajera que se movía por los confines del Imperio en sus encorsetados vestidos de salón, sin renunciar a tomar el té y siempre dispuesta a enfrentarse con un excelente humor a las más duras adversidades. Con su actitud, chapoteando en un río sola con la única compañía de un caníbal desnudo o atravesando un manglar para emerger con una colección de espantosas sanguijuelas alrededor del cuello, «como boas de astracán», reforzaba la imagen de excéntrica victoriana. Mary, a la que muchos consideraban un personaje cómico, se convirtió en objeto de todo de tipo de chistes, lo que no parecía molestarla. Al contrario, disfrutaba haciendo reír a su público cuando daba conferencias y contaba de forma inocente anécdotas como ésta: «Al vaciar la bolsa de un nativo encontré una mano, tres dedos gordos de pies, cuatro ojos, dos orejas y otros trozos de cuerpos humanos; la mano estaba fresca y el resto, más o menos reseco.»

Mary Kingsley fue una mujer excepcional y destacó entre todos los exploradores masculinos del siglo XIX que se lanzaban a recorrer tierras desconocidas. Nació en Londres en 1862, era hija de un médico y naturalista que viajaba con frecuencia atendiendo a ilustres viajeros y de una sirvienta que pasó buena parte de su vida enferma. Hasta los treinta años no conoció más mundo que su casa paterna. Tampoco recibió ninguna educación durante los ocho primeros años de su vida, ya que no se consideraba importante que una mujer destinada a cuidar de la casa, de una madre inválida y de un hermano menor necesitara aprender. Su madre le enseñó a leer y a escribir pero el resto lo tuvo que aprender ella sola. Pasó largas horas en la biblioteca de su padre —escritor de numerosos ensayos científicos y etnológicos—, que coleccionaba obras geográficas y relatos de exploradores. Así que Mary, de forma autodidacta, aprendió latín, física, química y alemán entre las cuatro paredes de aquella biblioteca rodeada de gruesos volúmenes repletos de mapas antiguos. Cuando se trasladaron a Cambridge, empezó a colaborar en los estudios de su padre sobre etnología y a través de las obras de Darwin, Huxley o Tylor se familiarizó con las ciencias naturales modernas.

Cuando sus padres murieron en 1892 y viendo que ya nadie la necesitaba, después de treinta años dedicada a servir a los demás decidió continuar con los estudios de su padre sobre las religiones tribales y la historia natural de los trópicos. No soportaba quedarse sola en casa, su hermano se había ido a Oriente y apenas le quedaba familia. En los ocho años que vivió hasta su muerte participó en extraordinarias aventuras y realizó importantes descubrimientos en zoología, botánica y antropología. Organizó dos viajes a África, uno de julio a diciembre de 1893 y otro de diciembre de 1894 a noviembre de 1895. En uno de sus libros de más éxito —fue reeditado cuatro veces en el primer año—, *Travels in West Africa*, publicado en 1897, escribió las razones que la motivaron a viajar al continente africano: «En 1893, por primera vez en la vida, me encontré con cinco o seis meses de libertad por delante.... pero ¿adónde demonios ir? Así que agarré un atlas: Malasia me pareció demasiado alejada, y el viaje muy costoso. Andaba entre elegir América del Sur o África occidental.»

En el libro *Música acuática*, T. C. Boyle describe con ironía dentro de su «himno al contagio», a lo que se tenían que enfrentarse viajeras como Mary: «A finales del siglo XVIII, la costa de África occidental —desde Dakar hasta el golfo de Benín— tenía fama de ser el lugar más pútrido y pestilente del mundo. Con aquellos calores y humedades, con sus diluvios y galaxias de insectos, era una especie de monumental caldo de cultivo para las más exóticas y mortíferas enfermedades. "Cuidado con el golfo de Benín —decía una cantinela de marineros—sólo uno de cada cuarenta sale de allí con vida".»

Mary embarcó rumbo al corazón de África en su primer viaje con una doble misión, traer ejemplares de peces y escarabajos para el Museo Británico y recoger información sobre las religiones tribales. Ella, que reconocía que emprendía este viaje «porque se sentía desesperada y quería morir en África», no imaginaba que se convertiría en una viajera admirada, entre otros, por Stanley y Kipling, y que sus libros alcanzarían un éxito enorme.

Con apenas trescientas libras en el bolsillo, ligera de equipaje como su coetánea Ida Pfeiffer, pero sin los prejuicios de ésta, se niega a hacerse transportar, cruza los pantanos a nado, aprende a navegar en piragua, duerme al cielo raso y come lo que le ofrecen. En sus libros escribe: «Cuando iba de viaje renunciaba a las comodidades que los viajeros europeos consideran imprescindibles en África. No tenía indígenas a mi servicio y no llevaba conmigo ni tienda de campaña ni utensilios de cocina. De cuando en cuando contrataba porteadores, dormía en las chozas de los nativos o en el bote y comía "cocina selvática", es decir, todo lo que mis anfitriones negros habían echado en el puchero.» El té y la almohada son sus únicos lujos. Embarcó en Liverpool a bordo de un viejo vapor de carga, el *Batanga,* rumbo a Senegal y de ahí a Luanda, Free Town y Sierra Leona, seis meses de viaje. Ignora las advertencias y consejos de los «africanos blancos» que se cruzan en su camino y tratan de desanimarla enumerándole la larga lista de enfermedades que puede contraer simplemente por darse un baño, beber agua o comer: «Hay tifus, cólera, peste y las enfermedades más comunes que llevan al blanco a la tumba: la malaria, la fiebre amarilla y la disentería.» Pero a ella lo único que le preocupa es llegar a la región del Gabón actual, donde permaneció largo tiempo viviendo con la tribu de los fang, cuya cultura estudia y trata de comprender. Mary remontó el río Ogooué, uno de los más imponentes del África ecuatorial y atravesó haciendo *trekking* territorios sin cartografiar y apenas frecuentados por los europeos. Para costear su viaje, se dedica al comercio durante su travesía, cambiando productos como telas, anzuelos o ron por peces o marfil para el museo. Viaja con sus tarros de conserva y de alcohol para conservar los peces que ella capturaba o compraba a los pescadores africanos. En ocasiones se arriesga a pescar en las corrientes y en las charcas de los mangles donde abundan los cocodrilos. Con el humor que la caracteriza describe sus largas horas de espera: «Absorto por la presencia de los cocodrilos y de las moscas, convencido de ser bienvenido, olerá el fétido olor de la marisma. En fin que se pasará usted el tiempo preguntándose qué ha venido a hacer a África del oeste, y cómo se le habrá ocurrido la peregrina idea de venir a hacer tonterías por el pantano...»

Antes de regresar a Inglaterra la señorita Kingsley decide ascender a la cumbre del monte Camerún (4.070 metros) por una vía hasta entonces desconocida —la cara noreste— aunque reconoce que no es una experta alpinista. Sin hacer caso a los consejos de sus compatriotas, que creen que no la volverán a ver con vida, emprende viaje hacia una de las montañas más elevadas de África —coronada con anterioridad por su compatriota, el capitán Richard Burton— como si se tratase de una excursión de fin de semana. Tras una penosa ascensión, alcanza la soñada cima del Mungo Mah Lobeh o Trono del Trueno, como la llaman los indígenas. Agotada pero feliz, deja entre dos piedras su tarjeta de visita.

Pero todos sus esfuerzos se ven recompensados cuando regresa a Londres en 1895. Para entonces ya es una mujer célebre y reconocida etnóloga, debido a los artículos que ha ido enviando a algunos periódicos. Se siente particularmente orgullosa de la colección de peces que ha traído al Museo Británico, uno de los ejemplares más raros y prehistóricos es bautizado con el nombre de *Alestes kingsleyae* en su honor. Pero la Kingsley no sólo realizó los estudios de campo etnológicos más extensos hasta la fecha en aquellas regiones, también escribió varios libros sobre sus viajes que se convirtieron en éxito de ventas y multitud de artículos. Ya es una especialista del mundo negro, se codea con los antropólogos que admiraba de joven cuando leía sus obras en la biblioteca paterna y se convierte en la defensora de la cultura africana. Allá donde va no duda en denunciar a los misioneros y algunos colonialistas que imponen a los nativos una cultura blanca que ella califica «de asquerosa y de segunda».

No murió en la costa, en su amada África occidental como había soñado sino en Ciudad del Cabo, Sudáfrica, adonde llegó para trabajar como enfermera atendiendo a los prisioneros bóers capturados por los ingleses. Tenía treinta y nueve años y su único deseo fue que la enterrasen en el mar.

Mary Kingsley, que amaba con pasión la aventura, fue una mujer valiente que hasta en los momentos más difíciles solía burlarse de sí misma. En una ocasión reconoció que su sentido del humor y sus dotes de actriz la habían salvado de más de un peligro.

Recuerdo que en 1982 viajé por primera vez a Centroamérica para realizar una serie de reportajes en Nicaragua y Honduras. Un día cuando regresaba a Managua tras realizar un viaje a los campamentos de los indios misquitos en la frontera con Honduras, tuve que alojarme en un cuartel militar que encontramos en nuestro camino. Por aquel entonces en Managua el estado de excepción impedía la circulación de vehículos a partir de las seis de la tarde. El cuartel, que según me informaron después había sido uno de los llamados «nidos de amor» de Somoza, era ahora una escuela de entrenamiento sandinista. Fui recibida con amabilidad por el teniente Mendoza quien me ofreció una habitación de los barracones para pasar la noche. Cansada del viaje y cuando ya estaba a punto de dormirme, la puerta de mi cuarto se abrió silenciosamente y entró un joven soldado bastante ebrio. Se sentó al borde de mi camastro no sin antes quitarse el cinturón y dejar dos granadas en mi mesita de noche. La situación era realmente desconcertante, no sabía si ponerme a reír o sacar mi navaja suiza, con la que siempre dormía bajo la almohada. El soldado me abrazó con fuerza y me dijo: «Gringuita, quiero hacer el amor con vos», y yo, estupefacta, me puse a llorar sobre su hombro rogándole que no me hiciera nada pues mi novio me esperaba en España y si algo entre él y yo ocurría, no me pediría en matrimonio. La excusa y mi sólida representación surtieron efecto. El muchacho se levantó con el rostro apenado, recogió su M-16 y las dos granadas y me dijo: «Gringuita, no os preocupéis, yo también tengo novia en Matagalpa, pero uno aquíse siente tan solo...» Y cerró la puerta. El estilo Kingsley sigue funcionando con el paso del tiempo a muchas mujeres trotamundos.

La dama y el fugitivo

Isabella Bird, nacida en 1831, es otra extraodinaria lady viajera de la estirpe de Hester Stanhope o Mary Kinsgley. Quizá de todas ellas fue la que más viajó —dio tres veces la vuelta al mundo— y la que más libros escribió para deleite de sus lectores, que soñaban con sus increíbles aventuras en remotos países. Fue también la primera mujer en formar parte de la Royal Geographical Society de Londres, en 1892.

Isabella, hija de un pastor anglicano, el reverendo Bird, se educó en la estricta moral de su época. Hasta los cuarenta años se dedicó, como la mayoría de las solteras, a cuidar de sus padres y vivir una vida provinciana y tranquila en compañía de su hermana menor Henrietta. De joven era ya una mujer inquieta, culta, que lo mismo hablaba de teología que de política y, sobre todo, sabía reírse de sí misma.

Siempre tuvo una salud delicada que se agravó a la muerte de sus padres. Como muchas mujeres de su tiempo sufría depresiones, insomnio y angustia. Un buen día un médico, sin duda un visionario, le prescribió una extraña receta: «Vaya al mar, duerma en el suelo y navegue lo más que pueda.» El viaje parecía la mejor solución para curar todos sus males y, como no, estaba dispuesta a pasar el resto de su vida tumbada en un sofá rodeada de médicos, hizo caso al doctor y preparó las maletas.

En 1872 la señorita Bird por prescripción facultativa embarcó para Australia y llegó a Auckland. Desde allí le mandó una carta a su hermana Henrietta quejándose de sus múltiples dolencias y creyendo que esta extraña «receta» no le iba a devolver la salud. Decidió partir hacia San Francisco en el mismo puerto, y cruzar el Pacífico a bordo del *Nevada*, toda una epopeya teniendo en cuenta el lamentable estado en que se encontraba el viejo vapor. Isabella se enfrenta a las peores incomodidades, a la suciedad, a las tempestades y a un huracán que por poco hunde el barco. Y sin embargo consigue sobreponerse a todos los peligros y descubre por primera vez que es inmensamente feliz navegando sin rumbo. Atrás quedan para siempre el pánico y las enfermedades.

En 1873 Isabella llega a Honolulú y se quedará a vivir siete meses en las actuales islas Hawai. La inquieta viajera es feliz en este paraíso de playas de arenas doradas donde sopla la brisa y puede cabalgar vestida de amazona por sus colinas y valles: «Me gusta eso, ¡oh cuánto me gusta! He hecho cosas increíbles, que no hubiese podido hacer en compañía de otros blancos, cosas como galopar sin freno arriba y debajo de las colinas, gritar para excitar a mi caballo [...] o montar sin estribos, y de otras maneras extrañas.» Cuando se cansa de cabalgar todas las islas decide escalar uno de los volcanes más altos del mundo, el Mauna Loa, de más de cuatro mil metros de altitud. En compañía del cónsul británico emprende la arriesgada expedición. Las cartas que envía durante sus viajes a su hermana están cargadas de divertidas anécdotas y un fino humor que recuerda al de Mary Kingsley.

Como todo lo que se propone, llegará al cráter del volcán y pasará allí una noche inolvidable extasiada ante la belleza del paisaje y la aurora: «La Estrella Polar temblaba intermitente sobre la cumbre helada y una luna azul, casi llena, se disipaba lentamente por el espacio infinito..., las lonas de las tiendas se habían vuelto rosas; las paredes del cráter y las crestas grises que lo rodeaban eran encarnadas...», escribió en sus diarios.

Isabella es ya una experta viajera cuando abandona las is-

las de los mares del Sur y decide poner rumbo a las montañas Rocosas, en Colorado, en 1873. Allí en el Lejano Oeste recorre paisajes desérticos, se hace amiga de *cowboys*, fugitivos
y tramperos. En este ambiente donde se vive al margen de la
ley y de forma primitiva se pasea por los pueblos vestida con
su atuendo hawaiano que va adaptando a sus circunstancias.
Tiene en su mente cumplir un sueño, conocer Estes Park, un
hermoso y tranquilo valle donde desea pasar un tiempo. «Tenía un viejo caballo gris hierro, cuyo labio inferior colgaba
siempre... Llevaba las alforjas detrás, con el palo de mi paraguas roto. Vestía mis ropas hawaianas, con un pañuelo en la
cabeza, y la sombrilla del paraguas atada arriba de mi sombrero, pues el sol era muy fuerte», así, de esta guisa se dirige
a su destino. Cuando llega a Estes Park cree que ha encontrado su lugar en el mundo, se adapta fácilmente a su nueva
vida, vive en una cabaña, monta a caballo a pelo, acompaña
a los *cowboys* que agrupan los rebaños salvajes y galopa
como el mejor de los jinetes. Allí conoce a un hombre llamado Rocky Mountain Jim del que se enamorará perdidamente.
Jim no es un elegante caballero victoriano, sino un famoso
bandido que lleva una vida solitaria y salvaje como trampero
lejos de la civilización. A Isabella este hombre que vive al
margen de la ley lejos de escandalizarla le resulta muy atrati-
vo. Con él pasó los mejores meses de su vida, según confesaría en sus memorias, y juntos emprenderían la ascensión a la
imponente cumbre del Long's Peak. «Caí varias veces, e incluso una vez me quedé colgada del vestido. Jim lo cortó de
un navajazo y caí en una grieta de nieve. Como llegamos más
debajo de lo previsto, nos vimos bloqueados por infranquea-
bles campos de hielo. La subida fue espantosa», así recordaba en sus cartas a Henrietta los peligros que tuvo que afrontar hasta alcanzar la cima.

Cuando Isabella publicó en 1879 su libro *Vida de una dama
en las montañas Rocosas* debió causar un enorme impacto entre el público. Sus aventuras como jinete y experta montañe-
ra, los personajes que conoció a lo largo de sus seis intensos
meses de viaje en Colorado, aún hoy constituyen una magnífi-

ca novela de aventuras. Pero sus aventuras eran reales y aunque no contó con detalle —hubiera resultado escandaloso— su relación con el atractivo y vividor Rocky Mountain, reconoció con el paso del tiempo que nunca vivió en otro lugar las emociones de su viaje a Estes Park.

Cuando Isabella regresó a Londres, tras su excitante aventura en las Rocosas, le resultaba imposible llevar la vida de una típica «solterona» de su edad. Tomó la sabia decisión de seguir recorriendo mundo y hacia 1878 llegará a Japón, y después a Malasia, donde disfruta de largas travesías a lomos de elefante a través de las selvas vírgenes. Tras un año de vagar por el mundo, y de nuevo en Inglaterra, escribirá sus dos siguientes libros dedicados a Japón. En 1880 cae enferma y muere su querida hermana y confidente Henrietta. Sólo entonces Isabella acepta casarse con el doctor Bishop, quien se pasó cuatro largos años pidiéndola repetidamente en matrimonio. «Solamente tengo un rival en el corazón de Isabella y éste es la meseta Central de Asia», solía comentar con cierta ironía su futuro esposo.

Vivió cinco años una tranquila vida de casada pero se sentía de nuevo deprimida y no conseguía recuperarse de la muerte de su hermana. Nada en ella recordaba a la indómita trotamundos que entretenía al doctor Bishop con sus anécdotas viajeras. Quiso el destino que su marido falleciera repentinamente, y a sus cincuenta y cinco años Isabella se encontró de nuevo sola, sin ataduras y libre para viajar de nuevo. Sus intenciones quedaban claras en estos pensamientos: «Al dejar a los que amaba, tengo la impresión de vencer a la muerte... La travesía será un momento extraño, un intervalo silencioso entre la vida familiar que se cierra tras de mí... y la vida de aventura que se abre.»

Parte en 1889 hacia la India, con las mismas energías de antaño, ya nada le asusta. Atraviesa Cachemira, llega cerca del Tíbet, cruza Persia y el Kurdistán hasta Armenia, reaparece en Corea y China, y por fin se dirige a Marruecos. En su periplo asiático, montará a lomos de yak, soportará tempestades de nieve como su colega Alexandra David-Néel, sufrirá graves accidentes y perderá por completo la noción del peligro. A esta mujer de aspecto frágil y voluntad de hierro nada la echó para atrás, ni la fractura de un brazo al volcar su carreta en Manchuria, ni la costilla que se fracturó al cruzar un arroyo en el Tíbet: «Tras unos segundos a punto de asfixia, me desenmarañaron unos férreos brazos y sufrí un nuevo revolcón a causa del empuje de la corriente, del que me sacaron tirando de mis extremidades e izándome en la vertical pared de roca desmenuzada. Salí del atolladero sin mayores secuelas que una costilla fracturada y diversas magulladuras, nada grave si se tiene en cuenta que el equino se ahogó», escribe en su libro *Viaje al Pequeño Tíbet*. Sólo cuando es atacada en una ciudad china en 1896 reconoce haber vivido momentos de pánico: «Empezaron a dar garrotazos a mi silla, me arrojaron fango y otros proyectiles con tal destreza que pocas veces fallaban. Un hombre bien vestido, más valiente —¿o más cobarde?— que los otros me dio un golpe tan fuerte en el pecho que me dejó marca; otros me pegaron en la espalda. Los gritos eran infernales. Era una masa de chinos encolerizados.» Consiguió salir viva de esta aventura y como no deseaba regresar a Inglaterra para morir sola en su casa familiar, a los setenta años se embarca en el que sería su último viaje. Durante seis meses viaja por Marruecos a lomos de un corcel negro, regalo del sultán, recorre el Atlas, la inmensidad de los desiertos, y escribe a sus lectores: «[...] No podríais reconocer a vuestra amiga enferma, a horcajadas sobre un espléndido animal, con pantalones y falda azul, con largas espuelas de cobre perteneciente a un generalísimo del ejercito marroquí, cabalgando por los lugares más difíciles que puedan imaginarse [...]»

Isabella continuó viajando hasta el mismo año de su muerte en 1904. Tenía setenta y tres años y no había perdido el interés por los viajes y la vida nómada. «Los viajeros tienen el privilegio de hacer las cosas más impropias», dijo una vez. Y ella las hizo a su modo sin perder nunca los modales, la elegancia y el fino humor de una dama victoriana.

En busca de mariposas

Margaret Fountaine nació en el mismo año, 1862, que Mary Kingsley, aunque vivió cuarenta años más que la famosa etnóloga. Hija de un reverendo de Norwich desde los dieciséis años empezó a escribir un diario donde registró todos los detalles de su apasionante vida —incluidos los más íntimos, lo que resulta excepcional en una dama victoriana— hasta su muerte en la isla de Trinidad en 1940. Es quizá la viajera más trotamundos de todas las de su tiempo porque con la excusa de recolectar mariposas recorrió los cinco continentes. Su conducta también era muy diferente a la de las jóvenes de buena posición y en su delicioso diario reconoce que cuando un hombre le gustaba no le importaba dar el primer paso y ser ella la que se declarase. La búsqueda de su hombre ideal la llevó por medio mundo y nunca se sintió tan feliz como cuando conoció en 1901 a un joven guía sirio, Khalil Neimy, —con el que se llevaba quince años— que la amaría y serviría con devoción hasta su muerte. Por él renunciaría a un profesor de ópera, un oficial de la marina egipcia, un barón húngaro y un investigador siciliano.

Su primer viaje al extranjero lo hizo en compañía de su hermana Florence rumbo a Amberes, Bruselas y llegando a Estrasburgo. Ya entonces pasa largas horas dedicada a lo que sería su gran pasión, cazar mariposas para reunir una de las mejores colecciones del mundo. Descubre que este tipo de vida nómada y aventurera le llena más que ninguna cosa y escribe: «Durante mis breves estancias en el extranjero había aprendido a disfrutar de la vida de una manera nueva. El gran vacío se llenaba; mi moral se había vuelto terriblemente relajada.»

Al igual que Alexandra David-Néel, Margaret tenía una buena voz que no dudó en educar como muchas mujeres de su época. Se planteó dedicarse al canto pero no le convencía el mundo superficial de las candilejas y se decidió por coleccionar mariposas. Para conseguir los ejemplares más exóticos y raros no duda en atravesar América, África, Oriente, recorriendo la India, el Tíbet, China, Japón, Australia y Nueva Zelanda. En bote, a caballo, a pie, todo sirve si consigue una mariposa que falta aún en su lista. En Creta recorre a caballo el centro de la isla y comenta: «Mi caballo cayó conmigo dos veces, y si hubiera ido montada de la manera usual en que lo hacen las señoras, lo cual hacía mucho tiempo que había encontrado imposible, nada me habría salvado de partirme la cabeza contra las rocas.» Siempre que puede, y a pesar de las distancias, se reúne con su amante sirio Khalil, que le descubre la belleza de las míticas ciudades de Oriente y la paz del desierto donde duermen bajo las estrellas en compañía de las tribus nómadas. Pero tampoco se libra como los demás europeos de la temida malaria y en Marruecos los dos caen gravemente enfermos: «Tuve cuarenta grados de fiebre, así que de no haber sido por Khalil sin duda habría muerto. Él aún estaba débil, pero me abanicaba durante horas para apartar las moscas de mis llagas, hasta que la muñeca le dolía de fatiga. Luchaba por mi vida por la noche cuando no había nadie más cerca y yo deliraba.»

Margaret demostró en más de una ocasión su fortaleza y buen humor enfrentándose a toda clase de peligros en sus viajes alrededor del mundo. Durante su estancia en Río de Janeiro, y con sesenta y siete años, la señorita Fountaine fue atacada por dos perros, sufrió una grave caída y aunque se lesionó la espalda decidió viajar hacia las montañas para pasar un mes cazando mariposas. En sus viajes nada la desalentaba; sólo se venía abajo cuando pasaba mucho tiempo sin estar junto a Khalil, su fiel acompañante. En sus últimos años la vemos en Madagascar, fuerte como siempre, andando una media de veinte kilómetros al día después de cumplir los setenta años. Viaja sin parar como si sintiera que su aventura llega a su fin, Kenia, Uganda y finalmente parte hacia Trinidad, para ella la isla más bella de las Indias Occidentales. Allí murió en 1940 no sin antes enviar al museo de Norwich, en Inglaterra, su colección de mariposas, más de veinte mil ejemplares clasificados, procedentes de todos los rincones del mundo. En su envío incluyó un cofre debidamente sellado con una nota en la que rogaba que la caja se abriera el 15 de abril de 1978, casi cuarenta años después de su muerte. Y así se hizo: cuando por fin el cofre de Margaret pudo abrirse, dentro se encontraron los doce volúmenes de su diario íntimo que empezó a escribir cuando sólo era una joven soñadora.

Con el caballete a cuestas

Si las mariposas llevaron a Margaret Fountaine a los confines del mundo, a la pintora Marianne North, su pasión por la botánica la convirtió en una viajera excepcional. Esta soltera inquieta y curiosa recorrió lejanos países para pintar flores y plantas. No importaba que éstas crecieran en la impenetrable selva de Borneo o en los áridos desiertos chilenos, allá acarreaba Marianne sus óleos y su caballete. Antes que ella en el siglo XVII otra intrépida viajera, Maria Sybilla Merian, viajó rumbo a Surinam (entonces Guayana Holandesa) en 1699, para estudiar las flores y los insectos que tanto la apasionaban. Antes de partir hizo su testamento pues en aquella época los viajes eran una auténtica aventura. Maria, tras meses de navegación, abordó la capital, Paramaribo, y queriendo penetrar en la selva virgen para conseguir sus especies, se hizo abrir un camino por los esclavos de casi setenta kilómetros hasta el interior. A su regreso se trajo una documentación notable para su tiempo.

Marianne North nació en 1830 en Inglaterra, y al igual que sus antecesoras, nada hacía intuir que tras esta mujer dedicada a las labores domésticas se escondía una viajera de raza. Durante su juventud había viajado con sus padres, como tantas inglesas ricas, por Europa y Oriente Próximo. Tras la muerte de su madre en 1855 se convirtió en la fiel acompañante de su padre y viajó con él de vacaciones por Europa y Tierra Santa sin dejar de pintar los escenarios que le atraían. Después de recorrer Siria y Egipto decidió registrar a través de sus pinturas la flora de diversos países. Cuando en 1869 muere su padre, tenía cerca de cuarenta años, estaba soltera y aún no sabía qué hacer con su vida. Tras una estancia de un año en la isla canaria de Tenerife decide ponerse en marcha con una amiga y durante quince años recorre el mundo pintando las plantas y flores tropicales en su hábitat. Primero entre 1871 y 1873 viaja por Estados Unidos, Canadá, Jamaica, Brasil, Antillas y las pampas de América del Sur. Entre 1875 y 1877 realizó un viaje alrededor del mundo que la llevó a Japón, Borneo, Java y Sri Lanka, sus destinos preferidos. Se sabe que pasó también un año en la India. En las fotos que se conservan de ella se ve a una mujer bajita, más bien gruesa, elegantemente vestida, de rostro dulce y amable. Está instalada en una silla plegable, con la paleta de colores en la mano observando atentamente una exótica planta como si fuera el más apuesto de los modelos.

Cuando regresó a Londres sus dibujos causaron tal expectación que se vio obligada a donarlos al Jardín Botánico de Kew, en Londres. En 1882 se inauguró el pabellón norte que mandó construir y diseñó la propia Marianne para albergar su colección de más de ochocientos óleos. Entonces ya era considerada una de las mejores artistas en su especialidad. Marianne no se conformó con el éxito y en 1882 viajó con sus caballetes rumbo a Sudáfrica y las islas Seychelles para pintar nuevos ejemplares. Su último viaje fue a Chile donde permaneció un año y pintó las araucarias, pero para entonces ya se sentía cansada y le faltaba energía. Cuando volvió a su país se acomodó en su casa de campo de Gloucestershire y se dedicó a escribir los recuerdos de su vida. Murió en 1890 siendo una celebridad y querida por sus amigos que le seguían enviando ejemplares botánicos desde los más remotos países. Tuvo el honor de que algunas especies botánicas fueran bautizadas con su nombre, y el haber descubierto a través de sus delicadas pinturas, flores desconocidas en Europa. Sus cuadros fueron utilizados durante años para estudiar botánica tal como predijo Darwin. Lo que fue su vida lo resumió en los títulos de sus libros: *Recuerdos de una vida feliz* y *Más recuerdos de una vida feliz*.

La escocesa Constance Gordon-Cumming, nacida en 1837, recorrió el mundo durante veinte años en todas direcciones. Eka, como la apodaban sus amigos, viajaba por placer y para pintar los exóticos paisajes que encontraba a su paso. Provenía de una familia noble y adinerada, así que contaba con suficiente dinero para viajar y además tenía catorce hermanos y un buen número de primos diseminados por todo el mundo. Constance, con la excusa de ver a algún familiar, empezó a viajar por remotos países y a escribir sobre sus experiencias. Publicó cuatro libros sobre sus viajes y algunos críticos contemporáneos compararon su prolífico trabajo con el de Isabella Bird.

En su primer viaje al extranjero visitó casi la totalidad de las islas de los archipiélagos de las Hébridas y un poco después, en 1868 llegó a la India, donde vivía una hermana y su familia. Cuando no le eran útiles sus contactos familiares, Constance, que era una maravillosa relaciones públicas y ya gozaba de cierta reputación, conseguía con su especial encanto que la invitasen allá por donde iba. Después de un año recorriendo la India llegó a Ceilán donde el contacto era su párroco de Escocia que había sido nombrado obispo de Colombo. La siguiente expedición fue a las islas Fiyi, que ya pertenecían al Imperio Británico, donde Eka fue invitada por el primer gobernador inglés lord Stanmore y su esposa para acompañarles en la ceremonia inaugural. Constance, que no podía estarse quieta, viajó varios meses a Sidney mientras vivía en Fiyi. De invitación en invitación recorrió Tahití y otras islas del Pacífico Sur, llegó a San Francisco y al valle de Yosemite. Por si fuera poco se embarcó rumbo a China y a Japón donde permaneció dieciocho meses pintando y viajando sin parar. De regreso a Inglaterra en 1879 y tras su periplo «social», se quedó sólo el tiempo suficiente para aceptar una nueva invitación, esta vez para visitar California. Desde allí continuó hacia Hawai, regresó luego a Escocia y allí por fin detuvo su loca carrera viajera. Las obras de Constance nunca tuvieron el ingenio de las de Mary Kingsley, pero fue una buena escritora de viajes y en 1886, en la Exposición Colonial de Londres, prestó al gobierno inglés su colección de más de trescientas acuarelas que fueron expuestas con gran éxito. Sus últimos años en Escocia los pasó poniendo en orden sus pinturas y supervisando la publicación de sus libros e incontables artículos. Murió en su casa en 1924, a la admirable edad de ochenta y siete años, un ejemplo más de la extraña ley que rige entre las mujeres viajeras.

X

LA LLAMADA DE ÁFRICA

El doctor Suquet nos ha dicho que, para las mujeres, el país era peligroso, impenetrable. Incluso trató de asustarnos acerca de Kartum. Todo lo cual puso furiosa a Ali sin hacerla cambiar de opinión. Fue una visita que tuvo los efectos contrarios a lo previsto. Estaba decidida a descubrir el nacimiento del Nilo.

HARRIETT VAN CAPELLEN, madre de Alexine Tinne, 1862

Lord George Curzon, presidente de la Royal Geographical Society de Londres, proclamó en 1913 acerca de las mujeres exploradoras: «Su sexo y su formación las hacen ineptas para la exploración, y ese tipo de trotamundos femeninos al que América recientemente nos ha acostumbrado es uno de los mayores horrores de ese fin del siglo XIX.» La insigne y machista institución fue fundada en el año 1831, pero tuvieron que pasar más de cincuenta años hasta que una mujer pudiera ser uno de sus miembros. La primera en conseguir tal honor fue Isabella Bird en 1892, un año en el que la sociedad se mostró generosa hacia las exploradoras y quince mujeres —entre ellas May Sheldon— engrosaron sus filas. Pero la oposición masculina fue tan feroz que volvieron a cerrar sus puertas hasta 1913, cuando se admitió a regañadientes a otras exploradoras.

En 1800 el interior de África es aún una *terra incognita*, en menos de un siglo los exploradores catalogan la fauna y la flora, cartografían los espacios en blanco y se desvela el misterio de sus regiones centrales. «África será siempre el África del atlas victoriano, el continente vacío e inexplorado que tiene forma de corazón humano», escribió Graham Greene. Estos extensos espacios en blanco atraen a hombres como el capitán Richard Burton, pero también a mujeres como Mary Kingsley. Los dos viajarán llevados por la curiosidad y hartos de la opresiva sociedad victoriana. Son pocos los europeos que se han aventurado a las regiones del interior pobladas de «bestias feroces y de antropófagos» y una naturaleza indómita.

La Royal Geographical Society financia innumerables expediciones, que más parecen competiciones deportivas, para desentrañar los grandes mitos del continente africano. Primero fue el Níger y penetrar en la ciudad prohibida y sagrada de Tombuctú. Un obstinado médico escocés, Mungo Park, en 1796, fue el primero en llegar hambriento y andrajoso a las orillas del mítico río. Después el misterio rondaba el río Zambeze que descubrió Livingstone en 1851, y más tarde le tocó el turno al Nilo Azul, su principal afluente ya no era un enigma pues James Bruce a finales del siglo XVIII se adjudicó su descubrimiento. Quedaban —entre una interminable lista de ríos, lagos y montañas— dos lugares que desde tiempos inmemorables despertaban la imaginación de los viajeros, el nacimiento del Nilo Blanco —en pleno siglo XIX era aún un misterio— y las Montañas de la Luna. En su busca partieron los mejores exploradores del momento, dispuestos a hacer historia, aun a costa de perder la vida.

Los exploradores como Stanley, Livingstone o Speke son los héroes del momento. Tocados con su salacot o casco colonial, los johpurs, sus altas botas y fusil en mano dispuestos a enfrentarse a tribus y fieras, representan la «civilización» en un peligroso continente no apto para hipocondríacos. Aunque un grupo de audaces exploradoras, devoradas por la curiosidad científica de su tiempo, también seguirán sus pasos. Alexine Tinne quería que su ilustre nombre brillara junto al de Burton o Speke. Se lanzó a organizar su propia expedición al corazón de África para encontrar las famosas fuentes del Nilo. No lo consiguió pero su intento y las observaciones que hizo sobre el comercio de esclavos en la región fueron alabados por otros compañeros. La feminista May Sheldon, otra mujer extraordinaria, organiza una expedición al territorio de los masáis, en Kenia. Más preocupada de cuidar la salud de sus porteadores que de alcanzar la fama, demuestra a sus compañeros que se puede emprender una larga travesía sin sufrir pérdidas humanas. De sus más de 150 porteadores, sólo uno murió en el camino. En comparación, la expedición de su colega Stanley en 1874 a la región de los Grandes Lagos fue de las más sangrientas. Partieron 360 personas desde Bagamoyo en la costa oriental y en 1877 habían muerto 114 hombres y sobrevivieron 108, debido, en parte, a las duras condiciones impuestas por el altivo explorador. La expedición de Mary fue una de las menos cruentas de su tiempo.

La vida de un explorador no es tan romántica como se imagina en Europa. Hay que preparar a conciencia las expediciones, reclutando porteadores, comprando víveres y consiguiendo cartas de recomendación antes de emprender la aventura. Mary Kingsley o May Sheldon pasan largas horas en la biblioteca antes de viajar, leyendo los libros de los exploradores, volúmenes lujosamente encuadernados con los cantos dorados y evocadoras ilustraciones. El equipaje depende del dinero y el carácter de cada explorador. Alexine Tinne es rica y puede comprar y contratar todo lo que se le antoje. Durante tres meses prepara su expedición africana que incluye una escolta de sesenta y cinco soldados, «la flotilla deberá transportar cerca de doscientas personas, además de cuarenta mulos, un caballo, cuatro camellos para los transportes por tierra, y casi una tonelada de abalorios, juguetes, ropas para negociar la amabilidad de los ñamsñams», como nos cuenta Christel Mouchard en su libro sobre las viajeras del siglo XIX.

May Sheldon, la llamada «Reina Blanca del Kilimanjaro», no se queda atrás. Su expedición, menos faraónica que la de las de Tinne, es también de lo más pintoresca. May viaja con todo lo imprescindible y algunos extras para su comodidad, incluida una bañera y un enorme palanquín de mimbre para ser transportada como una reina. Entre los regalos que embala para ofrecer a los nativos hay desde paraguas a cometas y relojes de bolsillo. Lleva además cohetes para anunciar su llegada y un vestido blanco de seda bordado de piedras preciosas falsas. Es su uniforme de gala para recibir a las autoridades locales en la sabana africana.

Mary Kingsley en su primer viaje a África sólo dispone de trescientas libras y renuncia a las comodidades de sus compañeras. Viaja por lo general sola, con lo imprescindible, no lleva ni tienda de campaña ni utensilios de cocina. Cuando lo necesita contrata porteadores y duerme en las chozas de los nativos, en las misiones o en su bote y come lo que sus anfitriones le preparan. Sólo tiene dos caprichos: sus libros de peces y el té. Todas llevan armas para defenderse, aunque sólo la Kingsley se niega a utilizarlas ya que según sus propias palabras: «No me parecía propio de una dama disparar contra un animal. Además me gustan todos los animales.» Su mejor arma fue el mango de su sombrilla y su sentido del humor que la salvaron la vida en más de una ocasión.

Ninguna imagina, al igual que en su día las conquistadoras, lo que van a encontrarse en aquellas misteriosas tierras. En su época ya existen los barcos de vapor, las armas de fuego son más precisas y la quinina se utiliza para combatir la temida malaria. África, aun así, no es un paraíso: «Al escribir nuestras aventuras he puesto todo esmero en no dar una sensación excesiva de peligro..., pero cualquier viajero que en el futuro se adentre por estos territorios mejor hará en desechar la idea de que se trata de un simple paseo», escribió Burton. Pero ya nada las puede detener. Vestidas con sus largas faldas, corsés, medias, botines y sombrillas embarcan al corazón de las tinieblas.

May Sheldon: la exploradora feminista

La culpa de que la americana May Sheldon se hiciera exploradora la tuvo un insigne amigo de su padre, Henry Morton Stanley. Por aquel entonces el explorador y descubridor de las míticas Montañas de la Luna se encontraba en la cumbre de su carrera. Sus audaces aventuras africanas despertaban en los jóvenes la atracción por lo desconocido. Lo que no imaginaba entonces el hombre que pronunciara la famosa frase: «¿El doctor Livingstone, supongo?» es que aquella muchacha curiosa y culta soñaba con organizar una expedición enteramente femenina a la región de los masáis, más allá del Kilimanjaro.

May nació en 1847 en Pensilvania (Estados Unidos), en el seno de una rica familia sureña. Su padre, el coronel Joseph French, era propietario de extensas plantaciones de caña de azúcar, cacao y tabaco. Su madre, una doctora pionera en medicina especializada en estudios de electroterapia. May se educó en Italia, lejos de los campos de algodón, y allí recibió una selecta formación propia de una joven de su clase. Con dieciséis años acompañaría a sus padres en un lujoso viaje alrededor del mundo. Poco amante de la vida social, consagraría su juventud al estudio, aprendiendo geografía, historia, geología y medicina, que tan útiles le serían en el futuro.

Con veinticinco años May se casa con un hombre de negocios de talante liberal, Eli Lemon, que se siente atraído por esta muchacha inquieta y culta tan distinta a las demás. May en este tiempo funda una editorial, y se atreve a traducir el *Salammbô* de Flaubert. Como la obra es un éxito se anima a publicar su primera novela de tintes feministas y autobiográfica, *Herbert Severance*. Para entonces está felizmente casada, tiene su propio negocio, se ha especializado en literatura clásica y escribe libros con mayor o menor fortuna. Y sin embargo siente que tiene que hacer algo diferente. No ha olvidado sus conversaciones con Stanley, a quien los africanos llamaban «Bula Matari», en lingala «el destructor de rocas», ha leído mil veces sus libros y toma una decisión importante: viajará al corazón africano y demostrará que una mujer también puede organizar su propia expedición. Pero lo hará a su manera, si a Stanley sólo le movía la ambición y la fama y era capaz de cualquier cosa por conseguir lo que se proponía, ella se preocupará ante todo de la salud y el bienestar de sus porteadores y sirvientes.

En 1891 May French-Sheldon se despide de su marido y en Nápoles embarca en un viejo vapor. Como a su compañera Alexine Tinne, le sobra el dinero así que puede permitirse cuantos lujos desee para vivir su aventura con el máximo confort. Además de los útiles indispensables como las tiendas de campaña, los catres, las mosquiteras, las hamacas, y un completo botiquín, lleva consigo una bañera, sillas y mesas plegables, sábanas, y una larga colección de vestidos, sombreros, chaquetas entalladas y faldas. Entre sus accesorios también hay una peluca rubia que le ayudará en sus representaciones frente a los jefes tribales. No faltan otros detalles para convertirse, aunque sea en la jungla, en una magnífica anfitriona: su servicio de porcelana y cubertería de plata. Pero el plato fuerte de la expedición Sheldon es un enorme palanquín redondo de mimbre trenzado con cortinas y cómodos cojines en su interior, que causará sensación y dejará perplejos a los masáis. May lleva además varias cajas con cantidad de regalos para ofrecer a los nativos, incluidos un millar de anillos de cobre grabados con su nombre, como un original souvenir de su encuentro.

La señora Sheldon se despide de su marido que prefiere esperarla cómodamente en su casa de Boston y zarpa rumbo a Mombasa, en la costa swahili africana. A partir de este momento empiezan los problemas: ni en Mombasa ni en la isla de Zanzíbar encuentra porteadores que quieran acompañarla. Pero no es de las que se doblega con facilidad y decide pedir ayuda al sultán de la isla, no sin antes tachar de «inmoral y sucio» su harén. Consigue a pesar de todo cartas de recomendación y logra reunir más de cien hombres para su aventura. Sólo convence a una porteadora para que la acompañe en su travesía. La idea de formar una expedición integrada sólo por mujeres deberá dejarla de lado.

May parte con una caravana de ciento cincuenta y tres porteadores y pronto se revela como una gran estratega. En su caso le interesan más las personas que los paisajes maravillosos que desfilan ante ella. Quiere llegar al país de los masáis, a los pies del Kilimanjaro pero sin lamentar pérdidas humanas. Antes de partir vacuna a todos sus hombres contra la viruela y decide acortar las marchas diarias para que no se agoten. Los porteadores, que al principio dudaban de ella, ahora la apodan cariñosamente «Bebe Bwana», la mujer jefe. Saben que es una experta tiradora y que puede defenderles en caso de peligro. También saben que si no la obeceden es capaz de castigarlos con dureza. En un momento del viaje los nativos que encabezan la columna se niegan a seguir por temor a los fieros masáis. May les amenaza con su pistola, pero es inútil, entonces decide castigar a los cabecillas mandándoles azotar. En su libro justificará esta actitud: «En total no azoté a más de diez hombres durante todo el viaje... Me di cuenta de que la disciplina sólo podía ser mantenida por la aplicación de castigos seguros y sencillos, según un método que resulta familiar a esos hombres y que además era aprobado por todos. Cualquier discusión o tentativa de persuasión provocaban la ironía y el desprecio sin duda alguna porque su jefe, o sea yo, era una mujer.»

La columna va avanzando lentamente. May utiliza poco el palanquín y prefiere caminar al frente de la caravana. Para curarse en salud ha hecho grabar en su estandarte la siguiente frase: *Noli me tangere*, que en latín significa «¡No me toquéis!» En cada etapa de la difícil travesía, la exploradora repite el mismo ritual. Cuando acampan y, mientras sus gentes se organizan, ella se encierra en su tienda y se da un buen baño de jabón en su bañera plegable. A la hora de la cena saca su vajilla y cubertería aunque sea para comer un poco de arroz pegajoso y un plátano. Todos estos detalles que parecen fuera de lugar le son imprescindibles, así escribiría: «El cumplimiento de cierto ceremonial y el encanto de un poco de refinamiento, así como algunos pequeños lujos, no sólo consolidan mi prestigio ante los indígenas, sino que garantizan también mi dignidad y mi comodidad personal.»

Cuando llegaban cerca de una aldea la viajera prepara a conciencia su encuentro con los jefes tribales. Organiza un auténtico espectáculo donde no falta ni un solo detalle. Primero se disfraza como una emperatriz para representar su papel, se pone la peluca rubia, su famoso vestido blanco de pedrería y el sable en la cintura. Anuncia su llegada con fuegos artificiales y obsequia a las autoridades con insólitos presentes —cajas de música, relojes, máquinas de coser...— que dejan atónitos a los nativos. En uno de sus libros recuerda la impresión que le causó al jefe Miraeli, uno de los hombres más poderosos de la región: «Cuando le recibí vestida con traje de noche, cayó literalmente al suelo... Mi peluca rubia le interesó especialmente y me mostró una peluca indígena, utilizada para los bailes, hecha con pelos blancos de colobo trenzados de un modo que parecían una cabeza humana.»

Un tanto cansada de hacer de relaciones públicas en medio de la sabana, May comienza a explorar la región que se extiende ante sus ojos. En 1891 llega al lago Chala y decide acampar allí para navegar sus aguas. Toma nota de todos sus descubrimientos y más tarde sus esfuerzos se verán recompensados cuando en 1892 es elegida miembro de la Royal Geographical Society por sus estudios sobre este inexplorado lago africano.

La «reina blanca» prosigue su agotador viaje a la región de los masáis. Por fin les encuentra tras seis meses de marcha y aunque sus porteadores les tienen miedo, la exploradora se siente tranquila en su presencia. Ni siquiera cuando se le aparecen los temidos guerreros, blandiendo sus lanzas y gritando, ella siente temor. May, al contrario, se siente atraída por la belleza de sus cuerpos, la forma de adornarse, admira su orgullo y arrogancia, le parecen «espléndidos salvajes». Sólo una vez a lo largo de su viaje se sintió realmente aterrorizada: cuando una enorme pitón buscó refugio en su palanquín donde ella descansaba. El relato de este incidente es de lo más descriptivo: «Me esforcé en salir del palanquín sin incorporarme, para no tocar la cosa, cuando entró el guardia, con una linterna a cuya luz apareció horrible, el objeto que me había asustado. Se me heló la sangre: era una enorme pitón, de unos cinco metros de largo, enrollada en el techo del palanquín...»

Pero no todo en la expedición Sheldon fue un lecho de rosas. El final de su viaje no estuvo exento de peligros. Cualquier explorador que se aventure por el interior de África, ya lo advertía Burton, debe estar preparado para sufrir el agotamiento, la sed, el cambio brusco de temperaturas, el ataque de las fieras, los insectos, las enfermedades y los graves accidentes. Y May no se libró de pagar su peaje; en una ocasión la espina de una rama se le clavó en un ojo y tuvo que llevarlo vendado durante varios días, aunque con su buen humor comentaría: «Con mi único ojo vi más cosas de lo que esperaba ver de la grandeza del Kilimanjaro, y fui mil veces compensada del sufrimiento que tuve que soportar.» Sus hombres también van enfermando víctimas de las fiebres, aunque sólo morirá uno de ellos, algo inaudito en la historia de las exploraciones africanas decimonómicas.

Pero lo peor estaba aún por llegar. Cuando abandonaron el fuerte alemán de Pangani —en la actual Tanzania— sufrieron un grave accidente. Al cruzar un puente uno de los porteadores resbaló y el enorme palanquín con May dentro cayó al río desde una altura de varios metros. Consiguieron rescatarla pero se había lesionado la espalda. En su célebre libro *De sultán en sultán* May Sheldon recuerda ese día como uno de los peores de su existencia: «Me encontré sin fuerza, incapaz de moverme, temiendo estar lisiada para toda la vida. Cuando recuperé del choque, me di cuenta de que mi vida dependía de la rapidez con la que alcanzásemos la costa.» Y así May fue transportada en una hamaca y atendida por sus fieles sirvientes que hicieron lo posible para mitigar sus espantosos dolores. Llegó a tiempo de embarcar en un vapor rumbo a Mombasa donde fue atendida por los médicos. Cuando regresó a Europa se reencontró en Nápoles con su marido, que moriría pocos meses después sin ver publicada la obra de su admirada esposa. El libro donde relata su temeraria y singular expedición está lleno de curiosas y divertidas observaciones sobre las tribus locales y el lago Chala. «Bébé Bwana» sobrevivió a todos los contratiempos y murió en Londres a punto de cumplir los noventa años. Había conseguido al fin hacer realidad su sueño, ser la primera dama en guiar una caravana. La suya, y gracias a su personalidad, fue la expedición más colorista, romántica y menos sangrienta de toda la historia del África colonial.

En 1986 me contrató la Cooperación Sanitaria Española para trabajar como intendente en el norte del Zaire (hoy República Democrática del Congo). Vivíamos en Buta, en un antiguo hotel colonial de los belgas, donde se alojaban los médicos y enfermeras españoles que trabajaban en el hospital. Tenía a mi cargo cerca de una veintena de trabajadores africanos de distintas etnias. No se sintieron muy felices al ver que su nuevo jefe era una mujer. Los primeros días se dedicaron a observarme y descubrir, uno por uno, todos mis defectos. Por aquel entonces mi trabajo consistía, entre otras cosas, en comprar las piezas de recambio de los coches, encargarme de la alimentación, del mantenimiento de las casas de los médicos y de contratar al personal. A mi llegada tuve que despedir a varios trabajadores que robaban petróleo y víveres. Por si fuera poco me enfrenté a las autoridades locales que encarcelaban y maltrataban a mis trabajadores bajo cualquier excusa para que yo pagara su rescate y les dejaran en libertad. En pocos días me gané el apodo de «Madame Matata», que en lengua swahili significa «mujer problema». Cuando lo supe me sentí como una estirada institutriz inglesa del XIX, de la que todos se reían y burlaban. Alaska, mi jefe de personal, dijo para tranquilizarme que eso era bueno, que los hombres me iban a respetar porque ya me habían puesto un nombre. Y la verdad es que a partir de mi bautismo las cosas cambiaron. Viví casi nueve meses en Buta, fui invitada a los bautizos y a las fiestas del personal. Organizaba en mi casa reuniones sólo para las mujeres donde entre cerveza y cerveza me enseñaban los bailes tradicionales. Mi vida en África, aunque tenía los tintes de *Memorias de África*, no fue tan glamurosa como la de la baronesa Blixen. Pero aún hoy recuerdo que el día de mi partida salieron los trabajadores a despedirme, en primera fila se encontraban Alaska y el viejo Omanga que llorando me dijeron: «Vuelva pronto Madame Matata.»

Alexine Tinne: muerte en el Nilo

El explorador Samuel Baker regresó a Jartum (Sudán) en 1862 en busca de nuevas pistas que convencieran a sus detractores de que el Nilo nacía en el lago Victoria. Cuando acompañado de la que sería su esposa, Florence, visitó en la ciudad al cónsul británico John Petherick, éste le informó de que unas damas holandesas, muy ricas y bastante temerarias, habían alquilado un vapor con la intención de llegar a Gondokoro. El famoso explorador no dio crédito a lo que oía, que unas europeas solas se hubieran atrevido a remontar el Nilo al frente de su propia expedición le parecía una locura. Estas dos mujeres eran Harriett Van Capellen y su hija Alexine Tinne que decidieron, como estaba «de moda» a mediados del siglo XIX, buscar uno de los muchos mitos africanos y eligieron el nacimiento del Nilo. Lo que no podía soportar Samuel Baker es que aquellas pretenciosas y ricas señoras hubieran pagado mil libras por la embarcación. La mitad de lo que a él le había dado la Royal Geographical Society para emprender su segunda expedición a África.

Alexine nació en La Haya en 1835 en el seno de una aristocrática familia holandesa. Su padre era un rico terrateniente inglés que vivió largas temporadas en Surinam, antigua Guayana holandesa, donde poseía extensas plantaciones de caña de azúcar. Su madre, Harriett, hija de un barón y veinte años más joven que su esposo, era una mujer culta, inquieta que idolatró a su única hija y la acompañó en sus peligrosas expediciones.

Ya de niña, en la mansión donde creció rodeada de toda clase de lujos y caprichos, soñaba con las historias que oía contar a su padre. Le hablaba de espesas junglas, bosques tropicales, animales salvajes y todo un mundo que despertaba la imaginación de la futura exploradora. Muy pronto empieza a

viajar por Europa con sus padres y a una edad en que las muchachas de su clase se preparan para ser presentadas en sociedad y buscar marido, ella descubre la belleza de las ciudades italianas y ya habla tres idiomas.

Durante una de estas giras europeas, el padre de Alexine
murió repentinamente. La baronesa Harriett Van Capellen
—ahora una acaudalada viuda— decide seguir el viaje que
tenían previsto y en compañía de su hija visitan Noruega,
Polonia y Alemania. Hacia 1856 las Finne recorrieron durante
dos años los países de Oriente Medio. Alexine, que ya había
cumplido los veintiún años, es una joven curiosa, culta y sobre
todo una rica heredera que no desea perder el tiempo buscando un marido.

En este viaje Alexine tendrá su primer contacto con el Nilo.
Aún no es una exploradora, tan sólo una rica turista que viaja
con su elegante madre y se aloja en los mejores hoteles de El
Cairo. Desde allí embarcan en un típico falucho y navegan el
legendario río descubriendo el Egipto faraónico y monumental. Viajan a lo grande, disfrutando de su crucero, sentadas en
cubierta sobre cómodos cojines, protegiéndose del sol con
sombrillas, atendidas por solícitos sirvientes y pintando, escribiendo o leyendo. Alexine no se contentará con navegar las
aguas de este río africano sino que tratará de buscar su nacimiento siguiendo los pasos de Speke y Burton.

Cuando Alexine y su madre regresan a La Haya son dos
personajes célebres. Todos quieren agasajarlas, invitarlas a
sus salones y tertulias y sobre todo conocer a sus sirvientes
africanos y la perra —llamada *Matruka*— que han traído de
Egipto. Mientras Harriett decora su mansión con telas, antigüedades y los mil souvenirs orientales, su hija pasa largas
horas en la biblioteca, leyendo libros de historia y geografía, y consultando viejos mapas. Como cualquier explorador
de su época, Alexine prepara a conciencia su gran viaje. Por
aquel entonces el nacimiento del Nilo sigue siendo un misterio. John Speke en esos momentos busca financiación para
regresar de nuevo a las orillas del lago Victoria y demostrar
que el Nilo Blanco nace justamente allí. Alexine no necesita

recurrir a la Royal Geographical Society, puede pagar de su bolsillo una expedición «faraónica» y sobre todo pasar a la historia protagonizando una gesta a la altura de sus posibilidades.

En julio de 1861 Alexine partió desde Marsella con sus sirviente holandeses, sus doncellas Flora y Ana, tres perros y una montaña de baúles. Le acompaña su inseparable madre, que por entonces cuenta sesenta y tres años, y tía Addy, antigua dama de honor de la reina madre Anna Pawlovna. Entre el equipaje, y como es de esperar en una expedición de elegantes y ricas damas, no falta de nada. Hay tiendas, sábanas, colchones, almohadas, catres, sillas, mesas, una biblioteca, un servicio de té de porcelana china y una cubertería de plata, además de caballetes, lienzos, pinturas, cuadernos, y toda clase de vestidos, enaguas, corsés, botines y sombreros. Amigos y familiares tratan de hacerlas entrar en razón pero ya es tarde, el barco zarpa rumbo a Egipto.

En El Cairo, viven seis meses como auténticas princesas de Oriente. La exploradora no deja de pensar en su ambicioso proyecto y está al día de las últimas noticias: nada se sabe de Speke ni de Grant y Samuel Baker y su mujer Florence irán a su encuentro. En 1861 Alexine decide partir en busca de su anhelado sueño a pesar de que tienen muy pocas probabilidades de sobrevivir.

Llegan a Jartum, capital de Sudán, e instalan su campamento a orillas del Nilo donde tratan de reponerse y organizarse. Están agotadas tras medir sus fuerzas con el árido desierto y montar a lomos de camello y de mula cientos de kilómetros. Sólo Alexine está animada y apenas se le nota el cansancio, en una de sus más divertidas cartas describe la travesía: «¡Ya podéis imaginaros la escena! Los gritos de horror de tía Addy, mamá encima de un dromedario, la sorpresa, los gritos no menos violentos de los perros cargados dentro de sus jaulas sobre los camellos.»

En 1862 abandonan Jartum y la expedición compuesta de treinta y ocho personas repartidas en el vapor que Harriett ha alquilado al gobernador general y un gran faluncho donde viajan los animales. Se adentran lentamente en la región de los dinkas y a su paso las mujeres contemplan consternadas las columnas de esclavos que esperan su fatal destino: «Las orillas estaban cubiertas de grandes manchas negras, que al acercarme vi que eran negros apretados unos contra otros hasta el punto de que formaban una masa, de modo que así resultaba más fácil vigilarlos. Todos iban desnudos y los hombres tenían la cabeza y el cuello atado a una vigueta suficientemente pesada para que no pudieran moverla.» La temeraria viajera ignora que serán justamente los traficantes de esclavos los que, entre otros, impedirán que alcance las fuentes del Nilo y su nombre pase a la historia.

Las Tinne siguen su penosa travesía por las ciénagas y la jungla pantanosa de la región sudanesa rumbo a Gondokoro, centro de la trata de esclavos y un lugar hostil para los extranjeros. Las embarcaciones apenas pueden moverse entre la tupida vegetación, les rodean los hipopótamos, los cocodrilos y los mosquitos les atacan sin piedad. El famoso explorador Burton cuando buscaba las fuentes del Nilo en compañía de Speke cayó enfermo en este mismo lugar que ahora recorría Alexine. Había contraído la malaria y la llamada fiebre de los pantanos, mientras atravesaba una tierra inhóspita «donde el agua era infame, y el suelo oscuro y empapado despedía un mortífero olor a podredumbre». Este explorador, acostumbrado a enfrentarse a todo tipo de peligros, recordaba con terror este tramo de su aventura: «[...] la alternancia del calor húmedo y el frío seco, la insensata fatiga del caminar, las penosas labores de esperar y cargar de nuevo los asnos, la exposición al sol y al relente y, por último, aunque no menos importante, las mórbidas gripes, el darle vueltas y más vueltas al cerebro ante la perspectiva de un fracaso inminente, todo ello empezó a suponerme un agotamiento como no había esperado».

Poco a poco las viajeras se van acostumbrando a la terrible humedad y hacen la vida de siempre —la que harían en su mansión de La Haya—: cosen, escriben, dibujan y además recolectan plantas para su herbario. A finales de septiembre de 1862 llegan a Gondokoro, una ciudad sucia y peligrosa, donde las temperaturas alcanzan los 50 grados y se mueven a sus anchas los mercaderes de esclavos y marfil. Baker, menos romántico, la había descrito como «un perfecto infierno, un poblado apestoso donde el crimen estaba a la orden del día». La llegada de estas tres ricas holandesas dispuestas a arriesgar su vida por llegar a la región de los grandes lagos, no pasó inadvertida.

En Gondokoro el río Nilo deja de ser navegable y hay que adentrarse a pie hacia las tierras del interior. La mayoría de exploradores que llegan hasta este punto temen viajar más allá. Saben que los que lo han intentado no siempre regresan y si lo consiguen lo hacen muy enfermos, heridos o a punto de morir. Por eso Alexine no encuentra porteadores que quieran acompañar a una expedición formada sólo por mujeres blancas y un tanto excéntricas. Tampoco tienen víveres y les han advertido que los traficantes locales suelen dificultar el paso a los europeos que quieren explorar más allá de lo permitido. Con todos los elementos en su contra, Alexine apenas tiene fuerza para discutir, cae enferma, víctima de las temidas fiebres y durante varios días permanece inconsciente, delirando junto a su madre. Cuando se recupera se da cuenta de que ni con todo el oro del mundo podrá reclutar personal para su expedición. Ya lo decía Baker en una ocasión, el Nilo no es cosa de aficionados y con ironía exclamaba: «El Nilo Blanco se ha puesto de moda. Habría que instalar un pub en el ecuador, donde los viajeros pudiesen tomar unas cervezas.» A Alexine le hubiese gustado conocer a Speke y a Grant —que llegaron unos meses más tarde— pero las fiebres y la mala salud de buena parte de su caravana la obligaron a regresar a Jartum.

De regreso se niega a aceptar su derrota y planea un nuevo viaje igualmente arriesgado y con pocas posibilidades de éxito. Piensa en llegar a las tierras altas del África Central, pero esta vez elegirá a conciencia los miembros de su expedición. En Jartum tres científicos se apuntan a la aventura, su madre sigue con ella a pesar del agotamiento y tía Addy decide esperarlas en la ciudad, no está dispuesta a enfrentarse a los temidos caníbales.

Durante tres meses Alexine prepara a conciencia su atípica expedición, esta vez aún más faraónica que la anterior. La acompañan casi ochenta soldados de escolta, y una auténtica corte de sirvientes y doncellas. Además viajan con ella cuarenta mulos, un caballo y cuatro camellos que transportan miles de regalos para ofrecer en su camino. La extraordinaria epopeya tendrá su precio, en el transcurso del viaje a través de espesas junglas, pantanos y sabanas morirán, víctimas de las fiebres, primero su madre y más tarde dos fieles criadas holandesas. Por si fuera poco, en Jartum también fallece tía Addy y la intrépida exploradora se queda sola y sintiéndose culpable de tantas muertes. Muchos la acusan de llevar a cabo una expedición «ridícula e inútil», como la calificó Baker, y de conducir a la muerte a sus seres más queridos.

Alexine abandona Jartum y deja atrás sus terribles recuerdos pero no desea regresar a Holanda. Siente que África es su verdadero hogar y empieza a soñar con una nueva aventura, esta vez en el Sáhara. En 1869 llega a Argel y comienza a preparar un nuevo viaje para conocer a los misteriosos tuaregs, dueños y señores del desierto. En esta ocasión, viaja con más de doscientos camellos seguida de un ejército de soldados árabes, sirvientes y animales de carga. Jamás un europeo solo se ha atrevido a cruzar así esta región. No se disfraza como otros viajeros de árabe o beduino ni cuenta con la protección de los nómadas. Al contrario luce como siempre un elegante vestido largo, su ajustado corsé y un sombrero de paja envuelto en una fina muselina que la protege del implacable sol. A lomos de su camello tiene el aire de una auténtica reina seguida por su numeroso séquito. No llegará Alexine a conocer lo que hay más allá de las dunas lejanas porque los tuaregs acabarán trágicamente con su vida y la de sus acompañantes. La llamada «sultana blanca» murió sola en el desierto del Sáhara y se convirtió pronto en una leyenda. Tenía treinta y cuatro años y su único deseo era el de ser recordada como una gran exploradora que llegó allí donde ningún blanco se había atrevido a poner el pie.

No entiendo por qué Samuel Baker criticó tanto la expedición de las Tinne, en realidad no era extraño que una mujer aventurera y con dinero fuera en busca de uno de los mitos que por entonces estaban más de moda. Hoy las legendarias fuentes del Nilo que perseguía la audaz exploradora y por las que murieron su madre, su tía y sus dos fieles criadas, están a un tiro de piedra de la civilización.

En 1993 viajé a Uganda para realizar una serie de reportajes en la región de los Grandes Lagos. Tenía en mi mente acercarme a uno de mis mitos de juventud, aquel por el que dos hombres se habían enemistado —Burton y Speke—, aquel por el que Livingstone había dado la vida.

El paisaje que se extiende ante mí quizá no es muy distinto del que disfrutó Speke en aquel verano de 1862. Hay un extenso lago de aguas tranquilas, salpicado de innumerables piedras y verdes islotes que anuncian el nacimiento de un río. Las cataratas Owen ya no existen; en su lugar se alza una presa, el único toque de civilización que puede molestar a los nostálgicos. Por lo demás una vez en sus orillas te dan ganas de arrojarte a sus aguas y dejarte llevar por la corriente a lo largo de más de seis mil kilómetros río abajo hasta llegar al Mediterráneo. Por fortuna mi guía me agarra con fuerza los pantalones como adivinando mis pensamientos.

Cuando el Nilo Blanco sortea piedras y desniveles y se torna navegable el paisaje adquiere de nuevo los tintes de mito. En sus orillas al atardecer se acercan las manadas de elefantes para beber y darse una refrescante ducha. Si lo navegas al estilo de *La Reina de África* descubres los enormes cocodrilos —de más de cuatro metros de longitud— que sestean al sol y se arrojan al agua al oír el motor de la embarcación. Los hipopótamos que Mary Kingsley acariciaba con la punta de su sombrilla siguen ahí, asomando sus ojos saltones y de vez en cuando abriendo las fauces de par en par.

Todo sigue tal vez como hace ciento cincuenta años, pero si Speke tardó dos años y medio en alcanzar su sueño desde Zanzíbar, en la costa oriental, hoy el viaje apenas dura dos horas en coche desde Kampala, la capital de Uganda. Y sigue emocionando pisar el mismo suelo que los más grandes aventureros del siglo XIX, aquellos que antes de partir encomendaban su destino a la Providencia.

XI

LAS ESPOSAS DE LOS EXPLORADORES

En el momento mismo en que vi su mirada de aguerrido aventurero, le tuve por todo un ídolo, y decidí que era el único hombre con el que algún día podría llegar a casarme.

ISABEL BURTON, 1860

En busca de los grandes mitos africanos partieron un buen número de exploradores atraídos por la fama, la fortuna o la posibilidad de convertir almas. Algunos de los más ilustres, como Samuel Baker, Livingstone o Burton viajaron en compañía de sus esposas, aunque éstas se mantuvieron siempre en un segundo plano. Había que tener valor en el siglo XIX para adentrarse en el peligroso continente africano aunque fuera de la mano de un experto aventurero. África en aquellos tiempos no era un paraíso, más bien un «continente inmenso, cruel, fétido, miasmático y misterioso», como lo definían los más realistas. Y sin embargo a pesar de las dificultades estas mujeres demostraron una gran adaptación al medio, un valor y una sangre fría que sorprendía a sus propios maridos. No les importó abandonar sus confortables salones ingleses, su agitada vida social o el cariño de su familia, por un destino remoto e incierto. En poco tiempo aprendieron a comportarse como un explorador, cambiaron sus enaguas y corsés por pantalones y botas altas, aprendieron a manejar el fusil y defenderse de los hombres y las fieras. Renunciaron a todo tipo de comodidades salvo a un reconfortante té que servían en tazas de porcelana china, en medio de la jungla o la sabana.

Samuel Baker fue el primero en viajar en compañía de su mujer, Florence, haciendo oídos sordos a las críticas porque aún no estaban casados. Esta joven de origen húngaro, bajo el lema «donde tú vayas, iré yo», siguió a Baker al corazón de África y compartió con él algunos de sus descubrimientos. Juntos se enfrentaron a tribus hostiles, jefes caprichosos y tiranos, al ataque de las fieras salvajes, al abandono de sus porteadores y a la desesperación. Sin embargo sus esfuerzos se vieron recompensados ante la visión de lugares de imponente belleza que ningún hombre blanco había pisado con anterioridad. Sólo Baker reconoció a su regreso a Inglaterra que «sin el aliento y los ánimos de mi mujer no hubiera encontrado el lago Alberto». Sin embargo, la sociedad puritana de la época, que consideraba a Samuel Baker un héroe, siempre mostró su rechazo hacia la mujer que le había acompañado sin ser su esposa. La propia reina Victoria se negó a recibirla y tachó su comportamiento de «pecaminoso e inmoral».

Isabel Arundell, la esposa del explorador Richard Burton, era, además de su secretaria, intendente, relaciones públicas y agente literario. Si Burton se convirtió en una leyenda para sus contemporáneos fue en parte gracias al tesón de su infatigable compañera. Isabel desde su matrimonio vivió a las órdenes de un marido al que idolatraba y le siguió encantada cuando éste le mandaba: «Pagar y hacer el equipaje.» Un amigo que los visitó durante su estancia en Brasil comentó: «La devoción que sentía por su marido era auténtica; estaba desde luego enteramente bajo el dominio de su esposo, un dominio hipnótico del que Burton solía jactarse.» Sea como sea, Isabel Burton conoció mundo y vivió románticas aventuras, impensables para una mujer de su época y de su clase.

Dorothy Tennant, la mujer del célebre periodista Stanley, no se sentía tan encantada con las andanzas africanas de su marido. Ella lo tenía muy claro, no deseaba que el obstinado explorador regresara al Congo preocupada por su mala salud. En una ocasión llegó a escribir estas significativas líneas: «Durante los ataques de malaria de Stanley, los temblores que precedían a la etapa febril eran tan violentos que la cama en que yacía se sacudía, y los vasos depositados sobre la mesa vibraban y tintineaban... Y yo me comprometía desde lo más profundo de mi ser a impedir que jamás retornase al país que le había arrebatado una parte tan considerable de su virilidad.»

Porque no todas las historias de amor en África tuvieron un final feliz como la de los Baker. Algunos exploradores como David Livingstone o el vasco Manuel Iradier vieron morir a sus seres más queridos en algún perdido lugar de África. Nada pudieron hacer para combatir la malaria —hasta 1860 la quinina no se utilizó de manera regular—, la disentería o la deshidratación. A todos los sufrimientos de sus penosos viajes tuvieron que añadir el remordimiento por haber viajado en compañía de sus familias a regiones aisladas e insalubres.

Florence y Sam Baker: los amantes del Nilo

Samuel Baker fue el primer explorador que llevó con él a su mujer en sus expediciones a África. Claro que en su caso se llevó a su amante importándole bien poco el escándalo que iba a protagonizar en la mojigata sociedad victoriana. La suya fue una de las historias más románticas en los tiempos de las grandes exploraciones.

Baker hacía cuatro años que había enviudado, cuando en 1859 aceptó una invitación para cazar jabalíes en el Danubio. Al cruzar la ciudad húngara de Widin, se encontró con una subasta de esclavos en el mercado y se quedó fascinado por la belleza de una mujer que iba a ser vendida a un turco. Baker pujó más que él y compró a la muchacha por siete libras, impidiendo así que fuera a parar a un harén. Baker tenía treinta y ocho años y ella diecisiete. Florence von Sass, que así se llamaba la muchacha, se iba a convertir en su más fiel y valiente acompañante. Con el tiempo se llegó a decir que esta supuesta esclava húngara era una refugiada huérfana procedente de la nobleza rumana. A Baker poco le importaba el origen de

Florence, la había salvado de su fatal destino y se la llevó a lomos de su caballo en un acto heroico y romántico como sería toda su vida.

Samuel Baker era un tipo extravagante, aventurero y millonario al que le gustaba cazar y de paso tener su momento de gloria en la historia de las exploraciones. Antes de viajar con Florence a África se había dedicado a cazar tigres y elefantes en Ceilán y en los Balcanes. A finales de 1862 comenzó su verdadera aventura cuando la Royal Geographical Society le pidió que fuera en busca de Speke y Grant, que habían sido dados por desaparecidos. Aceptó el encargo siempre con la única condición de que le acompañara su inseparable Florence. Sabía que el viaje rumbo a Gondokoro desde Jartum no iba a ser fácil y sin embargo se sentía entusiasmado ante la idea de poder participar en algún descubrimiento que le hiciera famoso.

Llegaron a la «infecta» Gondokoro en 1863 y allí esperaron la llegada de los dos exploradores con los que se encontraron al cabo de quince días. Speke y Grant estaban enfermos y agotados pero felices por sus descubrimientos en el lago Victoria. Mientras recuperaban fuerzas les contaron a los Baker que existía otro lago, del tamaño del Victoria, que podría ser otra fuente del Nilo. Samuel, entusiasmado ante la idea de participar en el descubrimiento de este mito, decidió partir con su compañera rumbo al inexplorado lago. Speke, que sabía el infierno que les esperaba le recomendó que dejara a Florence en Jartum. Él, que había salido en 1860 desde Zanzíbar con una caravana de más de cien porteadores de los que sólo regresaron dieciocho, sabía por experiencia las dificultades de su travesía. Sin embargo Baker sólo pensaba en partir y así lo hizo a los pocos días internándose en tierras desconocidas.

El viaje de esta singular pareja fue uno de los más duros y excitantes de su tiempo. En un año apenas recorrieron doscientos cincuenta kilómetros, eso uniéndose a una caravana de esclavos para viajar algo más deprisa. Un año largo de penalidades, enfermedades, ataques de fieras, unas temperaturas insoportables y por si fuera poco el constante acoso de las tribus locales. La falta de quinina les hizo muy vulnerables y las reservas de alimentos empezaron a escasear. Speke en uno de sus libros hablaba de sus preocupaciones: «En el estado en que nos encontrábamos, otro año en África Central sin quinina significaba una muerte segura. Temía por mi esposa y medía los riesgos de otro año en aquel horrible país. Con el espíritu de sacrificio mostrado en todo momento, me imploró que no pensara en sus riesgos, sino que siguiera adelante y descubriera el lago, estaba decidida a no regresar hasta haber alcanzado el M'wootan N'zige.»

En el trascurso de su viaje fueron huéspedes del rey de Bunyoro, Kamrasi —que meses antes había tenido retenido a Grant— y pudieron recuperarse de los fuertes ataques de malaria. Una de las anécdotas más famosas de la pareja tuvo lugar aquí, cuando decidieron reemprender su viaje en busca del lago. El rey Kamrasi le ofreció cambiar a Florence por una joven y atractiva nativa a lo que Baker, ofendido por semejante propuesta, sacó su revólver dispuesto a matar al monarca que le había insultado. La sangre no llegó al río, pues el rey le pidió disculpas y le informó que tenía por costumbre ofrecer a sus huéspedes alguna hermosa mujer de su poblado como símbolo de hospitalidad. La expedición siguió su camino, de nuevo el audaz explorador había salvado a su chica del peligro.

Por fin en 1864 Sam y Florence alcanzaron el lago que bautizaron con el nombre de Alberto, en honor al difunto esposo de la reina Victoria. Tras tantas penalidades la contemplación del extenso espejo de agua les hizo olvidar todos los contratiempos: «Me es imposible describir los sentimientos de triunfo que me embargaron; veía la recompensa de todos mis trabajos, de todos los años durante los cuales había estado buscando obstinadamente por todo el África Central. Inglaterra había descubierto las fuentes del Nilo... Bruce descubrió las fuentes del Nilo Azul, Speke y Grant han encontrado las fuentes Victoria del Nilo Blanco, me ha sido concedido completar este descubrimiento con las del lago Alberto-Nyanza.» Baker decidió regresar a Inglaterra. Si el viaje de ida había sido una auténtica pesadilla, el de regreso —que duró un año y medio— tampoco iba a ser fácil. Los porteadores les abandonaron y el monarca Kamrasi les ayudó a salir de la inhóspita región. Llegaron a Jartum en 1865 y desde allí a El Cairo donde pudieron recuperarse antes de regresar a Londres.

Tras su aventura africana Samuel Baker y Florence contrajeron matrimonio. La reina Victoria reconoció la labor del insigne explorador y le nombró caballero, pero no invitó a su esposa a la ceremonia de investidura. No se podía admitir que aquella joven hubiese compartido su intimidad con un hombre sin estar casados. Florence debió encajar muy mal el desdén de la reina, pero su diplomacia y buenas formas le impidieron montar un escándalo. Sin embargo ya en su vejez llegó a escribir: «Nunca creí que pudiera perdonar a esa mujer, pero luego me di cuenta de algo: ¿qué podía saber una reina, encerrada y rodeada de una estéril corte?, ¿qué sabe ella de lo que es vivir al borde de la desesperación, de enfrentarse diariamente a la muerte, y de amar y ser amada por encima de todo? No tenemos nada en común de que hablar.»

A lo largo de su feliz matrimonio, Baker siempre alabó el valor y la sangre fría de su mujer ante el peligro. Llegó a decir de ella que era la compañera ideal, «no es una chillona y rara es la vez que pierde la compostura». Florence era la joven rubia, hermosa y valiente que se enfrentaba a las tribus o al ataque de las fieras y salía siempre victoriosa. No dudaba en cambiar sus elegantes y delicados vestidos y corsés por unos cómodos pantalones si había que internarse en las espesas junglas o aguas pantanosas. El explorador se sentía sorprendido de cómo aquella mujer de misterioso pasado se había adaptado a África, como si toda su vida hubiese vivido allí. La verdad es que Florence nunca se derrumbó y cuando se aburría en alguna de las penosas expediciones se dedicaba a embotellar conservas, coser o preparar el té en medio de la sabana.

Los libros de Samuel Baker se convirtieron en un éxito gracias en parte a Florence, la heroína de sus aventuras. Siempre que podía narraba alguna anécdota protagonizada por ella, como cuando en una ocasión su mujer se dedicó a peinar su larga y rubia cabellera a la puerta de su choza, provocando un enorme revuelo entre los nativos que no habían visto nunca un espectáculo como éste: «Un gorila no hubiera ocasionado una convulsión semejante en las calles de Londres como la que Florence originó en Atada.»

Sir Samuel Baker regresó de nuevo a África en 1869 acompañado como siempre de su esposa. En esta ocasión no viajaba como explorador sino en misión militar para conquistar el territorio de los Grandes Lagos para Egipto. Así se convirtió en el primer mercenario europeo al servicio del jedive Ismael, gobernador del Imperio turco en Egipto. Ésta fue su última aventura, en 1873 los Baker regresaron definitivamente a Londres y allí permanecieron hasta la muerte de Samuel en 1893. Florence aún le sobreviviría veintitrés años más cuidada por sus hijastras, la mayor de las cuales era sólo seis años menor que ella. No le importó demasiado, según confesaría en sus cartas, el rechazo que siempre la rodeó, se sentía muy feliz cuidando de su esposo y compartiendo sus éxitos.

Otros exploradores posteriores imitaron sus apasionantes vidas y consolidaron el estereotipo de «la chica y el aventurero». Osa Johnson, rubia, hermosa y valiente acompañaría a su marido Martin, ambicioso, aventurero y romántico alrededor del mundo filmando sus aventuras que causaron furor en Hollywood. Los Baker unos años después se reencarnarían en una pareja de cine, Osa y Martin Johnson.

Isabel Arundell, a la sombra de Burton

Isabel Arundell conoció al explorador Richard Burton cuando era una soñadora adolescente. Lo suyo fue un amor a primera vista, él era apuesto, atrevido, inteligente y tenía un gran magnetismo. Ella era hermosa, culta y valiente, el prototipo ideal de mujer para un audaz aventurero. Tuvieron aún que pasar diez largos años hasta que se convirtiera en su esposa y compañera de viaje. Los detalles de su vida en común fueron publicados por Edward Rice en una de las mejores y más amenas biografías de este personaje tan polémico como apasionante.

Isabel nació en Londres en 1831 y había heredado el espíritu errante y aventurero de sus antepasados, los Arundell.

Su padre era un conocido y campechano vinatero y su madre una estricta mujer, que educó de forma espartana a sus catorce hijos, de los que sólo le sobrevivieron cuatro. Isabel creció en el ambiente, algo fanático, de una ferviente familia católica inglesa, lo que no la impedía evadirse en sueños a remotos países y sentirse como la heroína de las novelas que devoraba a escondidas en su habitación.

Isabel fue internada a los diez años de edad en una escuela católica fundada por los Arundell y allí estuvo hasta los dieciséis. Cuando regresó a vivir de nuevo con su familia ésta tenía una finca en Essex rodeada de bosques y campos. Ya entonces era «una joven tremendamente activa» que pasaba sus días patinando, dando largas caminatas y enfrascada en la lectura de un libro que la marcó para siempre, el *Tancredo* de Disraeli ambientado en Oriente Medio.

Cuando tenía diecisiete años sus padres decidieron mudarse a Londres, era el momento de ser presentada en sociedad como todas las jóvenes de su edad. Isabel ya tenía muy claro el tipo de hombre que deseaba y también que si no lo encontraba se metería a monja. La descripción de su compañero ideal concuerda curiosamente con el físico de Burton: «De uno ochenta de estatura, musculoso, el pecho amplio y poderoso, ...ha de tener el cabello negro y ser moreno de tez, con una frente que demuestre su inteligencia y unas cejas sagaces, los ojos grandes, negros, maravillosos —esos ojos extraños, de los que uno no se atreve a apartar la mirada—, con largas pestañas. Ha de ser soldado y muy viril....» Así veía Isabel a su futuro marido.

Por entonces aún faltaban dos años para que Burton se cruzara en su camino. Tras una temporada en Londres los Arundell se marcharon fuera de Inglaterra, a Boulonge. En 1850 y cuando Isabel paseaba con su hermana, aún con el uniforme del colegio, conoció a un joven y apuesto Burton que enseguida se fijó en ella. Diez años duró su noviazgo y en todo ese tiempo Isabel siempre estuvo al tanto de sus exploraciones. Por entonces no entraba en su cabeza contraer matrimonio con otro hombre que no fuera él y se reía del destino de las mujeres victorianas: «Obligadas a criar idiotas y a contentarse con pequeñeces.»

Mientras, Richard Burton se iba labrando su leyenda. Viajó por los desiertos de Arabia, aún sin explorar, trabajó para la Royal Geographical Society y disfrazado de peregrino visitó las ciudades más importantes del islam, La Meca y Medina. Isabel entretanto se aburría en Londres dedicada por entero a escribir sus diarios y esperando noticias de su amado trotamundos: «Richard ha regresado de La Meca convertido en un héroe, sólo que en vez de volver a casa se ha marchado a Bombay a reunirse con su regimiento. Me enorgullezco de su gloria», escribiría Isabel en aquellos días aunque se sintiera enormemente sola.

Cuatro años estuvieron sin verse hasta que volvieron a coincidir en 1856. Para entonces Burton sólo soñaba con su expedición al Nilo, creía firmemente que sus fuentes debían encontrarse en la región de los lagos del África Central. Burton viajó con Speke a África pero la gloria del descubrimiento se la llevó como es sabido su compañero. Isabel le seguía esperando, sólo había recibido en todo este tiempo cuatro cartas y un poema, y ya estaba pensando en meterse a monja cuando vio publicada la noticia de que Burton había llegado vivo a Londres. Tras su viaje a las fuentes del Nilo lo encontró muy desmejorado: «Nunca olvidaré a Richard tal como era entonces. Había sufrido veintiún episodios de fiebre, había padecido una parálisis y una ceguera parciales. Era un mero esqueleto andante, con pronunciadas ojeras y los ojos salidos de las cuencas, y con los labios muy separados de los dientes.»

A su regreso de África, Burton se veía a escondidas con Isabel, querían casarse pero Mrs. Arundell seguía negándose a este matrimonio porque Burton «no era cristiano y no tenía dinero». Al final el explorador consiguió su propósito y en 1860 se casaron; ella tenía veintinueve años y él cuarenta. Sabía que unía su vida a la de un hombre ambicioso, de carácter difícil, exigente, autoritario, soberbio e irascible, así lo definían los que le conocían bien. Para ella, que lo adoraba, iba a ser el mejor de los hombres y durante los primeros años de su matrimonio se dedicó con todas sus energías a satisfacer su pasión viajera. Isabel, de su mano, se convertiría también en una viajera impenitente.

Por aquella época, Burton pensaba que tras los servicios que había prestado a la Corona durante tantos años, sería recompensado con un puesto de diplomático a su altura. Él soñaba con el consulado de Damasco, pero por el momento sólo estaba disponible el de Fernando Poo, un lugar perdido e insalubre del África ecuatorial. Burton embarcó con pocas ganas hacia el golfo de Guinea en 1861. A Isabel sólo se la permitió viajar hasta Tenerife para despedirse de él y después regresó a Londres para vivir con su familia. La señora Burton, sin embargo, no estaba dispuesta a ser por mucho tiempo una «esposa en la distancia». En sus cartas escribe: «Le dije a mi marido que no podría seguir viviendo así durante mucho tiempo; era demasiado triste, con mi esposo en un lugar al que no me estaba permitido ir, así como seguir viviendo con mi madre, como una niña pequeña: no era esposa ni doncella ni viuda, de modo que me llevó con él.»

Isabel que, gracias a su tenacidad y buenas relaciones en el Foreing Office, conseguía renovar los destinos de su marido, obtuvo un permiso de cuatro meses para disfrutar juntos de un viaje de «luna de miel» no exento de peligros. Decidieron poner rumbo a Madeira para visitar a unos amigos y descansar en un clima más agradable que el de la costa africana. Para Isabel iba a ser su bautismo de fuego, pues embarcaron en un viejo vapor de carga «sin baño» y que hacía más de veinte escalas hasta llegar a su destino. La señora Burton pasó una buena parte de la travesía enferma y aterrorizada, una terrible tormenta en alta mar estuvo a punto de destrozar sus nervios, tal como lo reflejan estas líneas: «Los camarotes de abajo rezumaban agua a todas horas; las jaulas de los pájaros y los gatos flotaban por todas partes, la mayor parte de las mujeres chillaba sin cesar, las luces se apagaron, parte del mobiliario se fue por la borda, o bien rodaba de una banda a otra.» Isabel pudo darse cuenta en este viaje de lo que iba a ser en el futuro su vida junto a un hombre inquieto que no había permanecido más de un mes en el mismo lugar desde hacía mucho tiempo. Por fortuna, y a pesar de las penalidades que encontraron en sus frecuentes viajes, Isabel y Richard supieron disfrutar y entretenerse, incluso en sus momentos más difíciles.

La señora Burton consiguió que trasladasen a su marido a un nuevo destino al que por fin ella podía acompañarle. Esta vez su puesto estaba en Santos, una ciudad portuaria brasileña calurosa, húmeda y sucia. En todos sus viajes primero partía Burton y más tarde su mujer que se encargaba, entre otras muchas cosas, de «pagar, hacer el equipaje y seguirle». Esta frase se convirtió en una contraseña cargada de complicidad hasta el final de sus días. A su llegada a Brasil se instalaron en Sao Paulo, un lugar menos húmedo y pantanoso que Santos, lo que no libró a Isabel de caer enferma víctima de la malaria. En sus frecuentes ataques de fiebres y cuando los medicamentos demostraban su ineficacia, Burton recurría a la práctica de la hipnosis para conseguir sanarla. Y lo hizo, Isabel recuperó la salud y nunca perdió el humor a pesar de las enfermedades, los insectos, la suciedad y el calor insoportables. Así describía el puerto de Santos adonde había sido destinado su marido: «Hay garrapatas a montones, grandes como la uña del meñique, arañas como cachorros de terrier y serpientes por todas partes.» A la señora Burton siempre se la recordó como una mujer de gran magnetismo, extrovertida y pragmática, hacía amigos con facilidad, y se desvivía por la salud y el bienestar de su marido.

Incluso en este rincón del mundo donde vivían en una atmósfera opresiva y asfixiante los Burton disfrutaron de alguna excitante aventura. Un día el impetuoso explorador se llevó a Isabel de viaje decidido a encontrar oro, lo de menos fue que no le permitieron entrar en la mina, lo importante era estar juntos. Para Isabel estas escapadas eran de lo más románticas y emocionantes. Tras su estancia de un año en Brasil, dejó a su marido navegando por el Amazonas con unos amigos y regresó a Londres dispuesta a buscarle un nuevo puesto consular y a publicar sus libros.

Quizá la vez que «pagó, hizo el equipaje y le siguió» con más ilusión fue cuando Burton —siempre gracias a Isabel— consiguió el cargo de cónsul británico en su destino más codiciado, Damasco. Isabel a su llegada a esta milenaria ciudad que la atrapó desde el primer instante encontró como siempre la casa perfecta a unos minutos de la ciudad amurallada y a un paso del desierto sirio. Aquí se instalaron en 1869 y aquí pasaron algunos de sus años más felices, viviendo a lo grande en un ambiente refinado y oriental. Su casa era un hermoso palacio rodeado de un exuberante jardín, tenían caballos en sus cuadras y una auténtica arca de Noé, pues entre las aficiones de Isabel se encontraba la de rescatar animales. Asnos, camellos, pavos, gatos, palomas, perros, corderos y hasta una pantera domesticada sorprendían a los visitantes que ya sabían de las excentricidades de la pareja.

Eran unos auténticos «emperadores» de Damasco, organizaban fiestas y recepciones y todos los personajes importantes que por allí pasaban les visitaban en su casa de la aldea de Salahiyyeh. A pesar del trabajo de Burton, solían escaparse a menudo al desierto donde frecuentaban a los beduinos y compartían su estilo de vida. A veces Isabel se disfrazaba de muchacho y se hacía pasar por el hijo de Burton, nunca olvidará la felicidad de aquellos días: «Jamás podré olvidar algunas de aquellas adorables noches en el desierto... el cargamento apilado, las altas hogueras, las tiendas negras, los soldados turcos, las pintorescas figuras con toda clase de atuendos, los hombres de feroz aspecto y maravillosos atavíos tumbados por acá y por allá, cantando o bailando sus bárbaras danzas. Richard recitaba *Las mil y una noches...*»

El sueño oriental acabó en 1871, Burton fue destituido de su cargo y de nuevo a Isabel le tocó «hacer las maletas, embalar y regresar a Londres». Un tiempo después le ofrecieron el que sería su último puesto en el extranjero, el consulado de Trieste, en la cabecera del mar Adriático. Como siempre emprendieron el viaje por separado, Burton zarpó en 1872 e Isabel acompañada de sus sirvientas tres semanas más tarde. Se instalaron en una casa cercana al mar y durante dos años exploraron la India y Egipto. Por entonces la salud de Burton empezó a debilitarse y su esposa temía constantemente por su vida. A medida que pasaban los años Burton se volvía más difícil, y se describía a sí mismo como «un hombre hastiado de tanto recorrer el mundo». Sin embargo, se reponía bien de sus operaciones y achaques, y siempre que podía seguía visitando países. En 1883 los Burton se instalaron en una casa a las afueras de Trieste, una espléndida mansión con vistas al mar, donde pasaron siete años cada uno inmerso en su mundo. Hacía diez años que habían llegado aquí y Burton aún soñaba con un nuevo destino en Oriente Medio.

Durante sus últimos años en Trieste, y como Richard se sentía cada vez más débil, se limitaron a recorrer Europa visitando amigos y parientes. Cada viaje se planteaba como una gran expedición, viajaban con una biblioteca a cuestas, innumerables baúles, varios criados, perros y hasta un gallo de pelea. Formaban por entonces una extraña pareja, los dos se aplicaban khol alrededor de los ojos y vestían a la oriental; practicaban a diario la esgrima y nadaban en las gélidas aguas del mar Adriático.

En 1886 a Burton le nombraron caballero como agradecimiento a sus servicios prestados a la Corona. Isabel era ya la señora de sir Richard Burton, un honor que la satisfacía y del que en parte era responsable. Este título no les sacó, sin embargo, de los apuros económicos que vivieron en los últimos tiempos. Aquel mismo año el explorador moría en su casa-refugio de Trieste. Isabel quería que sus restos descansaran en la abadía de Westminster como los de Livingstone, pero no fue posible. Finalmente Burton fue enterrado en el cementerio católico de Mortlake, en Londres. Su mujer recaudó fondos y le construyó un mausoleo de mármol y piedra en forma de tienda árabe que recordaba sus hazañas pasadas como oficial del ejército británico.

Tras su muerte Isabel Burton se pasó varios días encerrada en su mansión de Trieste. Se dedicó de lleno a ordenar los papeles de su difunto marido y quemar sin reparos todos los manuscritos que no deseaba que se hicieran públicos. Cuando se extendió la noticia de que buena parte de la obra de Burton había sido quemada por su mujer se armó un gran escándalo. Ella se limitó como siempre a embalar de nuevo el equipaje, cumplir con los pagos y regresar a Londres. Murió a los sesenta y cinco años, habiendo llevado una vida tan viajera, aventurera y excitante como la de su marido, eso sí a la sombra como mandaban los cánones de la época.

Dos damas en los mares del Sur

Junto a las esposas de los exploradores, otras mujeres recorrieron el mundo siguiendo a sus maridos sin importarles el riesgo. Robert Louis Stevenson no era explorador aunque con el tiempo se interesó más por las costumbres de sus amigos samoanos que por su carrera de escritor. El célebre autor de *La isla del tesoro* o *El extraño caso del doctor Jekyll y Mr. Hyde* no dudó en embarcarse con su familia rumbo a los mares del Sur en 1879 para no regresar jamás a la civilización. Le acompañaban en su aventura dos mujeres excepcionales: su madre Margaret y su infatigable esposa Fanny Vandegrift.

Fanny, que había nacido en Estados Unidos en 1840, era a pesar de su pequeña estatura una mujer de armas tomar. A los dieciséis años ya se había casado con un tal Sam Osbourne, aventurero aficionado con el que partió a recorrer el Lejano Oeste. Allí compró una mina de plata y Fanny empezó a llevar una vida de auténtica pionera, rodeada de indios y rudos mineros. Los veinte años de matrimonio le dieron tres hijos pero no fueron un lecho de rosas. Las infidelidades de su marido y sus locas aventuras que resultaban siempre ruinosas la animaron a seguir los pasos de su hija Belle y estudiar dibujo. Comenzó así una dura vida de artista que la llevó a París en 1875 donde se instaló con sus hijos. Uno de ellos murió víctima de una atroz enfermedad degenerativa.

Al poco tiempo de morir su hijo pequeño, Fanny conoció a Robert Louis Stevenson, ella tenía treinta y seis años y él veinticinco. No iba a ser una relación fácil, el joven escritor apenas tenía dinero y estaba muy enfermo. Ella tenía a su cargo a dos hijos y no consiguió el divorcio hasta 1880, por entonces Stevenson estaba realmente grave. Al fin se casaron y durante los primeros años de su matrimonio a Fanny sólo le preocupaba la débil salud de su marido que ya era un célebre escritor.

En 1889 Fanny se encuentra con su familia en San Francisco y decide alquilar una goleta para viajar a los mares del Sur. Está segura de que un cambio de aires y el clima cálido de las islas ayudarán a su marido enfermo de tuberculosis. El viaje empezó como un crucero de placer por las islas Marquesas, las Pomotú y prosiguió por Honolulú, las Gilbert y Samoa, donde se quedaron a vivir. Con ellos viaja la madre del escritor, Margaret o tía Maggy, una mujer que ronda los sesenta años, hija de un párroco anglicano de Edimburgo y que no ha viajado nunca más allá de los balnearios europeos. Vestida a la moda victoriana, de riguroso luto por la muerte reciente de su marido, Maggy se adapta fácilmente a la vida en el barco. A los pocos días el capitán la sorprende en cubierta descalza, sin medias ni corsé charlando animadamente con su criada francesa mientras el barco se balancea en medio de un mar bravío.

Fanny se siente más segura en tierra firme que en el barco donde sufre constantes mareos. Las tormentas tropicales, los vientos casi huracanados y las olas que azotan con fuerza el casco del barco la angustian. A Fanny no le gusta el mar pero lo sacrifica todo por la salud de su esposo. Stevenson parece encontrarse mejor, sentado en cubierta toma notas y se broncea. En una de las cartas que envía a una amiga, Fanny cuenta su agotador trabajo en el barco: «Mantener una casa sobre un yate no es cosa fácil. Cuando Louis y yo dejamos el barco, cuando vivimos solos entre los indígenas, me las apaño muy bien. Pero cuando me mareo, cuando me siento desgarrada por las náuseas espantosas, cuando el cocinero viene a preguntarme: "¿qué tenemos para la cena de la noche... y para el desayuno de mañana?" Todo esto en medio de un temporal y en un paso muy peligroso, cuando estoy caída en el suelo, aferrada a mi palangana... No, no me gusta nada, pero entonces no habría "ama a bordo".»

El viaje planeado de seis meses se convierte en un crucero

de dos años en condiciones durísimas. Llegan a los archipiélagos más remotos habitados por tribus caníbales, conocen al rey
de Hawai, Kalakaui, y al temido cacique Tembinok. Fanny no
ignora el peligro al que se enfrentan pero está dispuesta a todo:
«No estamos muy seguros de nuestro próximo destino. Pero tenemos que visitar por encima de todo las islas salvajes, las que
aún no están "civilizadas". Por supuesto corremos los riesgos
habituales, el de ser matados por tribus hostiles, y además está
el mar, que tendremos que afrontar», confesaría en sus cartas.

Stevenson cada vez se siente más feliz e inspirado, y escribe poemas como éste: «Este clima, estas travesías; estos atra-
ques al alba; estas islas desconocidas que surgen al amanecer;
estos puertos insospechados que anidan en el hueco de los
bosques.... este interés siempre nuevo por los indígenas y su
amabilidad... toda la historia de mi vida es más dulce que un
poema.» Su madre Margaret, que les acompaña en alguna de
sus escapadas, también ha recobrado la ilusión. Con sus largas
enaguas, blusas de encaje y la cofia de rigor pasea feliz por las
playas paradisíacas en compañía de nativos que apenas se cu-
bren con un pedazo de tela. «Es una vida extraña, me pregun-
to si algún día podremos volver a la civilización», escribe in-
genua a una amiga.

Por entonces los Stevenson saben que ya no podrán regresar nunca a Europa, el escritor siente por primera vez en su
vida que ha encontrado «su lugar» en estos parajes de ensueño donde los nativos les reciben con cariño y hospitalidad. En
1890 llegan a Samoa y compran unas hectáreas de tierra con
la idea de construir su hogar definitivo. Durante seis meses
Fanny supervisa todos los detalles de su nueva y confortable
mansión a la que llamarán Vailima. La esposa de Stevenson
está agotada, sufre reumatismo pero dedica todas sus energías a esta faraónica empresa. Hasta esta remota isla del Pacífico se hace traer todos los muebles y recuerdos; su vida entera embalada pieza por pieza, desde las vajillas y cuberterías de
plata, hasta las alfombras y un piano.

La madre de Stevenson regresará de nuevo a Samoa para
conocer Vailima. Durante los siguientes cinco años esta audaz

dama visitaría Australia, Nueva Zelanda, Tonga y otras islas. En todo este tiempo escribió una serie de cartas a una amiga contándole sus experiencias: cómo vestía a la moda samoana con una túnica blanca y flores en el cabello, cómo aprendió a escribir a máquina por sí sola para ayudar a su hijo y cómo con sesenta y dos años aprendió a montar a caballo para poder ir a misa los domingos. Margaret se sentía como una samoana adoptiva, feliz de ser una trotamundos y haber llevado de forma tardía una vida «semisalvaje, en aquellas islas apartadas del mundo». Sus viajes acabaron precipitadamente con la muerte de su hijo. Stevenson sólo vivió cuatro en su paraíso de la Polinesia. Murió en 1894 y fue enterrado en la cima del monte Vaea, a un paso de la casa familiar.

Su mujer Fanny, pionera en el Lejano Oeste, pintora en el París de los impresionistas y aventurera regresó a la civilización de la que había querido huir. Con el tiempo se convirtió en una anciana bohemia y trotamundos, vivió un amor apasionado con un joven guionista de Hollywood —que después se casaría con su hija Belle— y siguió manteniendo vivo el recuerdo de su esposo publicando sus obras inéditas. La escritora Alexandra Lapierre, que publicó una extensa biografía sobre esta extraordinaria mujer, la definió con estas palabras: «Era capaz de vivir tantas vidas, de superar tantos fracasos y renacer después, que hay mucho que aprender de ella.»

Cuando falleció tenía setenta y cuatro años y sus cenizas fueron depositadas en la tumba de Samoa junto a las del hombre que como ella «no viajaba para llegar a ningún sitio, lo hacía tan sólo por el placer de ir».

Mary Livingstone: el precio de la fama

Las expediciones de David Livingstone por el continente africano fueron las más duras y trágicas de su tiempo. Cuando atravesó el desierto de Kalahari con su familia estuvieron todos a punto de perder la vida.

David Livingstone había nacido en Escocia en el seno de

una familia pobre y muy religiosa. Con sólo diez años se puso a trabajar en una fábrica de algodón. Aunque el trabajo era agotador sacaba tiempo para aprender y leer libros sobre las aventuras de los misioneros en el continente africano. Con veintitrés años se matriculó en la Universidad de Glasgow y se doctoró en medicina y teología. También ofreció sus servicios a la Sociedad de Misioneros de Londres, dedicada a promover las misiones en todo el mundo. Aquí conoció al pastor Robert Moffat —su futuro suegro—, escocés como él y un experimentado misionero en África del Sur. Éste le convenció de que África era un buen destino para extender la palabra de Dios.

El joven Livingstone partió de Glasgow en 1840 rumbo a Sudáfrica, tenía una misión divina que cumplir: difundir el evangelio en aquellas remotas tierras del sur. Su primer destino fue la misión de Moffat en Kuruman, donde conoció a Mary, la hija del pastor, una mujer valiente, y acostumbrada a la vida espartana. Pudieron intimar algo más cuando Livingstone fue atacado por un león, que casi le arranca el brazo, y Mary se convirtió en su enfermera. En 1845 se casaron dispuestos a recorrer juntos aquellos territorios con la única idea de evangelizar a los nativos. La pareja hacía muchos kilómetros para visitar las aldeas más alejadas, siempre amenazados por los bóers que los consideraban unos instrusos. «Mary y yo recorríamos las misiones y penetrábamos cada vez más en el interior. Viajábamos en una carreta tirada por un par de bueyes, el medio de transporte en esta región», escribiría el misionero en su diario.

Los intrépidos misioneros instalaron su cuartel general en Kolobeng donde vivieron rodeados de privaciones durante los siguientes cinco años. Las expediciones de Livingstone eran cada vez más largas y difíciles, en este tiempo Mary dio a luz a sus tres hijos. Livingstone, que a pesar de ser misionero tenía el espíritu inquieto del explorador, soñaba con fundar otras misiones en el ardiente desierto de Kalahari. En 1849 decidió adentrarse en esa región acompañado de su abnegada esposa y sus hijos pequeños. El viaje, que duró dos meses, fue agotador: el agua escaseaba, el calor durante el día era insoportable y por la noche el frío se apoderaba de ellos. Por fin en 1849 llegaron al lago Ngami, eran los primeros europeos en contemplarlo.

Para entonces Mary sabe a ciencia cierta que se ha casado con un hombre ambicioso y tenaz, que será capaz de sacrificar su vida familiar en aras de un objetivo: descubrir los misterios que aún perduran en África. Cuando Livingstone prepara su gran expedición para remontar el río Zambeze hasta la costa occidental, Mary está de nuevo embarazada. Ya se les ha muerto uno de sus hijos a causa de las fiebres y el explorador teme por su familia. Decide entonces acompañarles hasta la ciudad de El Cabo para que regresen a Inglaterra, son ya demasiadas pérdidas. Tras diecisiete años de ausencia, Livingstone regresó a su país en 1856 donde fue recibido como un héroe y se reencontró con sus seres queridos.

El explorador, harto de la vida social en Londres, partiría de nuevo rumbo a África en 1858 para fundar un puesto en el Zambeze. Su esposa le propone acompañarle, pero Livingstone decide con pesar dejar de nuevo a su familia en Gran Bretaña.

Pasan cuatro largos años y Mary Livingstone ya no puede soportar más la distancia y se reúne con su esposo en su misión de Zambeze. El encuentro fue dramático pues Mary a pesar de ser una mujer fuerte y acostumbrada al clima tropical cae enferma y muere a los pocos días. Nada pudieron hacer los médicos por salvar su vida, las temidas fiebres se la habían llevado como a otros tantos compañeros. Su marido la enterró al pie de un gran baobab y rezó desconsolado varios días junto a su tumba.

A pesar del duro golpe que sufrió con la pérdida de su esposa, Livingstone regresó a África para iniciar en 1866 la que sería su última gran aventura africana: resolver de una vez por todas el enigma del Nilo, cartografiar la cuenca de los grandes ríos de la región centroafricana y encontrar las fuentes del río Congo. En 1867, el misionero fue dado por muerto, y lo que sigue es quizá uno de los pasajes más conocidos en la historia de las exploraciones. Stanley encontró al explorador enfermo y agotado en su refugio al norte del lago Tanganika. Moriría en 1873, obsesionado con encontrar el verdadero nacimiento del Nilo. Había pasado más de treinta años en África, donde encontró su razón de vivir.

El explorador vasco Manuel Iradier, como Livingstone, también estaba decidido a sacrificar su vida en pos de su sueño africano. Su encuentro con Stanley fue crucial y le animó a viajar a las posesiones españolas en el golfo de Guinea. Eran las islas de Fernando Poo, Corisco y los territorios de Río Muni, donde Burton había vivido sus peores años en 1862. Es más, cuando el célebre explorador se enteró de que éste iba a ser su nuevo puesto consular comentó: «Se han propuesto que muera, pero yo me propongo seguir con vida, para fastidiar a todos los diablos.» Cuando Burton llegó a Fernando Poo la isla estaba bajo el dominio británico.

Iradier fue el primer explorador en viajar en familia, con su mujer Isabel de Urquiola y su joven cuñada, Juliana. Llegaron a Fernando Poo (isla de Bioko) en 1875 tras un largo y penoso viaje a bordo del *Loanda* y se instalaron en el pequeño islote de Elobey Chico. Allí vivieron en una choza elevada sobre pilotes, a un paso del mar, como unos auténticos robinsones. El rey de Corisco N'Yamango les ayudó en sus primeros días pero lo que en un principio parecía un paraíso se convirtió pronto en un infierno. El clima era realmente insalubre y pasaban mucho tiempo enfermos como lo detalla en su libro *África*: «Setenta y seis ataques sufrí en Santa Isabel, treinta y siete mi esposa, dieciséis mi cuñada y quince mi hija nacida en Elobey. Mi casa fue un hospital. Muchas veces nos encontrábamos todos postrados en cama en un mismo día.» Como temía Iradier, su pequeña hija Isabela murió en 1876 y la enterró bajo un gigantesco caobo. Consciente del peligro que corría su familia les mandó a las islas Canarias para que recuperaran su quebrada salud. Él se quedó solo en Fernando Poo, obsesionado por la muerte de su pequeña, de la que siempre se sintió culpable.

Mi primer viaje a África fue a estas tierras del golfo de Guinea que acabaron con la paciencia de Burton y donde Iradier vivió sus más penosos años. En 1983 partí rumbo a Guinea Ecuatorial, la mía no fue una experiencia romántica a lo Hemingway, no encontré las verdes colinas de África ni la amabilidad de los nativos. Mi destino estaba en la ciudad de Evinayong, en el interior de Río Muni. La llegada ya tuvo algo de premonitorio, el jeep en el que viajaba hacia el interior del país, en compañía de varias monjas españolas, volcó por una imprudencia del chófer. Tuvimos que salir por las ventanas y sólo recuerdo a las hermanas de rodillas, arremangándose sus hábitos, intentando capturar a los cangrejos de río que se les habían escapado a causa del accidente. Una escena surrealista de las muchas que iba a presenciar durante mis tres meses de estancia.

Al llegar a Evinayong empecé a relajarme y a tomar fotografías en las aldeas cercanas. Mi dicha iba a ser breve; a los pocos días fui acusada por las autoridades locales de espía. Para colmo de desgracias fotografié el parto de una mujer, en el hospital donde trabajaban los cooperantes españoles, que acabó complicándose. Yo era el único elemento extraño en el quirófano, así que me llevaron a la comisaría, me interrogaron como a una delincuente y me quitaron los carretes.

Lo demás vino solo, alguien se empeñó en hacerme brujería, en la casa donde vivíamos encontré mechones de cabello y otros signos sospechosos. Acudí a un curandero de confianza para inmunizarme contra estos poderes ocultos. Volví a casa con un amuleto colgado del cuello. Ni las uñas de felinos, ni los colmillos de leopardo iban a librarme de mi destino.

Una noche me enteré de que las autoridades de Malabo tenían mi nombre en una larga lista de personas non gratas en el país. Para entonces me sentía enferma y controlaban todos mis pasos. Gracias al embajador, que me acompañó al pie del avión, pude abandonar a tiempo este país en otro tiempo considerado «la tumba del hombre blanco». No olvidé, sin embargo, la belleza de sus paisajes, mis escapadas al bosque acompañando a las mujeres a trabajar las fincas, ni mis furtivos chapuzones en el río con los niños de las aldeas. El pueblo guineano nada tenía que ver con aquellos comisarios que veían espías en todas las esquinas.

Osa Johnson: aventurera y estrella de Hollywood

Cuando Florence Baker murió en 1916, Osa Johnson tenía veintidós años y viajaba rumbo a Borneo en compañía de su esposo, Martin. Era su primer viaje juntos y durante veinte años siguieron recorriendo África en busca de las mejores imágenes. Fueron una pareja poco convencional, su pasión aventurera les llevó a remotos rincones que la indómita Ida Pfeiffer ya había recorrido en el siglo XIX. Nada les detenía ni los cazadores de cabezas de Borneo, ni las fieras de la sabana, ni la impenetrable selva del Ituri donde habitaban los pigmeos. «La chica rubia y el apuesto explorador» hicieron soñar con sus exóticas aventuras a un público ávido de emociones fuertes. «Toda nuestra vida quisimos retener lo que todavía había de belleza, la naturaleza, los animales salvajes, nuestras imágenes serán un testimonio para cuando toda esa grandeza desaparezca», había dicho Osa. El cine mudo de Hollywood, donde entonces triunfaban Valentino y Chaplin, encontró en ellos un filón. Después y tras el éxito de las primeras películas de aventuras, llegaron las míticas *Mogambo*, *Las minas del rey Salomón*, *La reina de África*, *Hatari* y la inolvidable *Memorias de África*.

Osa Johnson, nacida en Kansas en 1894, era la digna heredera de las aventureras del siglo XIX. Tenía la belleza, el valor y la sangre fría de Florence Baker, y el humor, la jovialidad y el carácter algo excéntrico de Mary Kinsgley. Conoció a Martin cuando éste era un atractivo fotógrafo de cine que acababa de regresar de una temeraria aventura por los mares del Sur. Osa, que al mejor estilo de nuestras antecesoras era un torbellino romántico, sólo supo decir: «Lo que tú digas, cariño» cuando Martin le pidió en matrimonio. Tras su boda en 1910 comenzaron una vida nómada hasta el final de sus días. Primero, y como aperitivo, viajaron por el salvaje Oeste para promocionar la película que Martin había filmado en el Pacífico Sur. Ya por entonces Osa demostraba sus habilidades «artísticas» cantando sin rubor canciones hawaianas en cada proyección ante un público entregado. Hacia 1912 habían ganado bastante dinero como para regresar a los mares del Sur y filmar muchos documentales.

En julio de 1917 emprenden su expedición rumbo a las islas Salomón, las más peligrosas de aquella remota región. Martin sabe que allí habitan los cazadores de cabezas. «Una locura, decían nuestros amigos, vais a perderlo todo, hasta la camisa, repetía mi padre y mi madre estaba convencida de que moriríamos de fiebres o en una olla hervidos o peor que nos comerían crudos», comentó Osa antes de su partida. En su equipaje viajan cámaras de cine, miles de metros de película y un rifle por si acaso.

La finalidad del viaje era realizar un documental de las tribus que habitaban las Salomón y las Hébridas. Desde el principio Osa se revela como una magnífica y valiente ayudante, Martin dirá de ella: «Osa es el mejor amigo que ningún hombre ha tenido.» Durante el viaje aprende a cazar y a pescar teniendo siempre la despensa llena. Con su larga y rubia melena y su encantadora sonrisa distrae a los nativos mientras su marido los filma. Su obstinación por conseguir mejores imágenes les hace adentrarse en islas cada vez más remotas y alejadas de la civilización. Buena parte de su tiempo lo pasaron en la isla de Malekula donde los blancos que la habían visitado con anterioridad habían sido asesinados o «degustados» por los nativos. Filman imágenes de gran impacto en Tona donde habitan los temidos cazadores de cabezas. Los guerreros les animan a visitar a su jefe en el interior de la isla, ningún hombre blanco ha regresado de este territorio con vida. El jefe Niapan les intenta hacer prisioneros y consiguen escapar perseguidos por una multitud de caníbales. A su regreso el éxito de su película es enorme y en todas las pantallas de Broadway el público se estremece ante la presencia del jefe Niapan y sus sanguinarios guerreros. Los Johnson no sólo sobrevivieron a su aventura sino que años más tarde regresaron al poblado de los caníbales para mostrarles la película que habían filmado.

Su película *Caníbales en los mares del Sur* fue un rotundo éxito, en ella se mezclaba el humor y el peligro, que sería la marca de identidad de todas sus filmaciones. En 1920 viajan a Borneo esta vez no para rodar tribus primitivas sino para filmar a los animales salvajes en su hábitat. Los Johnson ignoran los problemas con los que van a encontrarse, la selva impenetrable, la humedad, los insectos, no les permiten obtener las imágenes soñadas. Entonces a Martin se le ocurre lo que años antes hubiera hecho Samuel Baker si se hubiera inventado el cine, filmar su propia expedición y sobre todo a su mujer que se desenvuelve con una soltura sorprendente en estas inhóspitas tierras. Osa se convierte en la heroína de las películas de Martin, es una magnífica actriz que representa a la perfección su papel, «la bella» en el corazón del mundo salvaje; la rubia y hermosa mujer que no duda en agarrar su fusil para defenderse de las fieras. Para entonces Osa ya es una experta tiradora que cubre a su marido cuando éste filma las escenas más peligrosas. Su idea fue otro rotundo éxito, sus *Aventuras en la jungla* entusiasman al público y a los críticos de Nueva York.

La vida de los Johnson iba a dar un giro cuando les contrató el Museo de Historia Natural de Nueva York para emprender una expedición al corazón de África con la idea de filmar las manadas de elefantes antes de su extinción. Ya no se trataba de filmar películas divertidas y comerciales sino de hacer documentales científicos financiados por esta institución. La infatigable pareja pone rumbo a Mombasa, y después a Nairobi donde descubrirán la grandiosa naturaleza africana donde habitan miles de animales salvajes. Organizan un safari a la antigua usanza y se ganan la confianza de los porteadores que les acompañarán a territorios inexplorados por el hombre blanco. Osa cree que por fin ha encontrado su lugar en el mundo en este «Jardín del Edén» y hace frente con indudable humor a los peligros que encuentran en su camino: «Debíamos mantenernos vigilantes a cada paso, resbalar en el agua significaba caer en las mandíbulas trituradoras de un cocodrilo y la muerte inevitable. Los hipopótamos no dejaban de golpear el fondo de nuestra barca, corríamos el riesgo de caer al agua cuando la embarcación chocaba con estas peligrosas criaturas.» En los siguientes meses siguen explorando el continente africano, viven al margen de la comunidad blanca de Nairobi que los considera unos imprudentes y excéntricos. Se adaptan al medio con rapidez, aprenden swahili y prefieren dormir bajo una tienda de campaña en medio de la sabana cerca de los masáis. Osa no tiene miedo, África la atrapa y se ha convertido en la compañera indispensable de Martin. Con unos medios muy precarios consiguen imágenes de una belleza espectacular que pasarán a la historia de los documentales.

En 1921 emprenden una nueva expedición en busca de un lago que al parecer se encuentra al norte de Kenia en el interior de un cráter. Al cabo de un mes descubren el lugar al que bautizan con el nombre de Paraíso. A este punto de agua acuden los animales a saciar su sed, entre ellos numerosas manadas de elefantes. Los Johnson, enamorados de estos paisajes vírgenes, deciden instalar un campamento provisional en sus orillas. Y de nuevo Osa se encarga de todo, multiplica sus energías organizando un equipo de gente para construir una pequeña ciudad en medio de la nada. En apenas cuatro meses Paraíso parece un pequeño pueblo con casas de madera bastante confortables y con todo lo necesario para vivir cómodamente. Hay electricidad, agua, cuartos de baño, cocinas, casas para el personal, tiendas y hasta un laboratorio de revelado. Osa se encargará además de los jardines, huertas, gallineros y como siempre de tener la despensa llena cazando y pescando ella misma. El santuario natural de Paraíso será su hogar en los próximos cuatro años. Si los Burton se sintieron los «emperadores» de Damasco, los Johnson son los «reyes» del lago escondido.

«Tuvimos algún accidente serio con algún animal salvaje, pero nada grave, aunque a veces salvamos la vida por los pelos. Para obtener las mejores imágenes hay que filmar muy cerca de los animales salvajes más peligrosos como los rinocerontes y los elefantes, corriendo todos los riesgos, avanzando hacia ellos y casi tocándolos», confesaría Osa a su regreso de Paraíso. Por entonces esta glamurosa aventurera, mitad pionera del Lejano Oeste, mitad estrella de Hollywood, se ha convertido en toda una leyenda en América. La imagen de esta mujer rubia, vestida de safari, cargada con su fusil al hombro y enfrentándose a las fauces de un león sin que le tiemble el pulso, provoca admiración. Están de moda las películas de aventuras y ellos llevan a la gran pantalla el fin de una época dorada en África donde el hombre blanco medía sus fuerzas enfrentándose a las fieras.

Con la fama y un presupuesto sin límites, sus expediciones se complican, cada vez que viajan transportan toneladas de equipo y cerca de cuatrocientos porteadores. Se instalan un tiempo a vivir en Nairobi tras trece años de vida nómada y cuatro a los pies de un cráter en el lago Paraíso. Son unos años locos, los Johnson viven en la civilización pero rodeados de los animales de la selva y en su finca conviven con leopardos, elefantes y gorilas. Continúan con sus documentales de naturaleza y para relajarse aprenden a volar produciendo las primeras películas aéreas de África. «Descubrimos un mundo virgen, manadas de animales desde el aire, un mundo salvaje visto por primera vez desde el cielo.» Y así, viajando en avión y por primera vez ligeros de equipaje, recorren casi cien mil kilómetros.

El avión les permitía la libertad de aterrizar donde quisieran, de llegar a lugares aún inexplorados, descubrir tribus prácticamente desconocidas. Deciden regresar a Borneo en avión, al territorio de donde tuvieron que huir siendo jóvenes perseguidos por los caníbales. Pasan allí cerca de dos años solos, felices, filmando la naturaleza y las costumbres de las tribus. Ahora ya se ha inventado el cine sonoro y el público escucha en primera fila el rugido de los leones, los tambores de los nativos y los aullidos de los guerreros. Hacen la mejor película de su vida. Eran dos seres libres y felices pero sus sueños pronto se iban a desvanecer.

En 1937 Martin Johnson murió trágicamente en un accidente de aviación cuando volaba en una línea regular rumbo a

San Diego para dar una conferencia. Osa tuvo que reconstruir de nuevo su vida, no estaba preparada para un golpe así. Tardó un tiempo, pero esta nieta de pioneros del Lejano Oeste sacó fuerzas para seguir viajando y explotando su imagen de aventurera para poder vivir. Regresó por última vez a África cuando la contrató la Fox como asesora para la filmación de una película en Kenia sobre Stanley y Livingstone. Se animó a escribir sus memorias que fueron un rotundo éxito de ventas, cuentos para niños y hasta lanzó una línea de ropa con su nombre.

Los últimos días de su vida fueron sin embargo los más duros, se refugió en el alcohol y se aisló de todos absorta en sus recuerdos. Murió en 1953 a causa de una crisis cardíaca recordando quizá las palabras que un día le susurrara Martin al oído en Paraíso: «Toda nuestra vida ha sido una búsqueda de lo inesperado, de lo desconocido, y sobre todo de la libertad, la búsqueda de este tesoro escondido al pie del arco iris, y poco importa si no lo hemos hallado, buscándolo hemos hecho de nuestra vida la más bella de las aventuras.»

XII

HEROÍNAS DEL SIGLO XX

Las mujeres deben tratar de hacer cosas como han hecho los hombres. Cuando fracasan, su fracaso debe ser un reto para otras.

AMELIA EARHART, 1932

La curiosidad científica que llevó a Mary Kingsley en 1893 a embarcarse rumbo al África occidental en un posible viaje sin retorno ha sido heredada por otras mujeres del siglo XX. El famoso paleontólogo Louis Leakey se hubiera sentido muy satisfecho al contar entre su equipo con una mujer tan valiente, humana y tenaz como Mary. Su instinto no le falló al confiar el estudio de los grandes simios africanos a tres mujeres también excepcionales. Jane Goodall, Dian Fossey y Biruté Galdikas, dignas herederas de sus antepasadas las exploradoras del XIX, también rompieron moldes y demostraron que las mujeres podían realizar exhaustivos trabajos de campo.

Las tres eran jóvenes, valientes, tenaces y amaban los retos. Su trabajo no iba a ser nada fácil, vivirían solas la mayor parte del tiempo en condiciones muy duras, lejos de la civilización, amenazadas por los cazadores furtivos y las enfermedades. Tendrían que armarse de mucha paciencia para estudiar y entender el comportamiento de los gorilas de Uganda, los chimpancés de Gombe o los orangutanes de Borneo. Dotadas de una especial sensibilidad femenina, las discípulas de Leakey establecieron una singular relación con sus animales. Les pusieron nombres, trataron de aproximarse a ellos, vivieron en su hábitat y se convirtieron en sus valientes defensoras.

Jane cuenta en sus memorias que el camino no ha sido fácil. Durante años le afectaron mucho las críticas y los comentarios sarcásticos de sus compañeros. La llamaban despectivamente «la modelo del Geographic» en alusión a los reportajes y documentales que la prestigiosa revista realizó sobre su vida en Gombe. Sólo cuando en 1986 publicó su libro *Los chimpancés de Gombe*, editado por la Universidad de Harvard, empezó a ser respetada por la comunidad científica. Ya nunca más se sentiría incómoda entre los científicos más consagrados.

Jane Goodall fue la pionera de este trío legendario de científicas. Nadie hasta el momento había estudiado a los animales salvajes en su hábitat durante tanto tiempo. Más de treinta años ha estado Jane de continuo safari por África para investigar el comportamiento de sus queridos chimpancés. En 1957 llegó a Kenia donde conoció a Leakey, que buscaba un asistente para realizar un estudio de campo con los chimpancés de Gombe, a orillas del lago Tanganika. Un buen número de candidatos habían rechazado el puesto atemorizados ante la perspectiva de vivir solos varios meses en medio de la selva, rodeados de búfalos y leopardos y a muchos kilómetros de la civilización. Jane no se lo pensó mucho y sesenta y siete años después de que Mary Kingsley hubiera puesto su pie en África occidental, ella llegaba en 1960 a Gombe. En su primer viaje no estaba sola, tenía veintiséis años y su madre Vanne —otra mujer fuera de lo común— se prestó a acompañarla. Vivieron juntas en el improvisado campamento durante cinco meses. Muchos pensaron a su partida que aquellas «dos locas» inglesas no aguantarían ni una semana. Al principio fue muy duro, Jane y su madre sufrieron juntas los ataques de malaria, la amenaza constante de las fieras salvajes, las incomodidades de vivir en una tienda de campaña y las interminables tormentas. Nada consiguió doblegarlas. Vanne organizó una pequeña clínica donde atendía a los pescadores del lago y Jane encontró un punto desde donde podía observar a las familias de chimpancés y comenzó sus estudios.

Cuando su madre regresó a Nairobi, Jane decidió permanecer un año más entre los chimpancés que ya empezaban a acostumbrarse a su presencia. La vida en los bosques de Gombe la tenía totalmente absorbida y su complicidad con los animales era tal que pasaba la mayor parte del día en su compañía. Claro que su cercanía a los chimpancés le acarreó algún que otro susto. En una ocasión, jugando con un joven chimpancé, éste le rompió un par de costillas y le golpeó fuertemente en la cabeza.

Jane vivió inmersa en su trabajo hasta que en 1962 se enamoró de un fotógrafo y realizador de documentales, el barón Hugo van Lawick. Su experiencia más intensa de aquellos años fue el nacimiento de su hijo, Hugo, que pasó con ellos sus primeros años en Gombe y el Serengeti. La zoóloga de nuevo aprendió de sus chimpancés: «La observación de los chimpancés me ayudó a ser mejor madre y también la experiencia de ser madre me ayudó a comprender mejor la conducta maternal de los chimpancés», comenta en sus memorias. Por aquella época Jane vivía en su casa de Dar es Salam, en la costa keniana, pero cada año pasaba seis meses en Gombe, alojada en una tienda de campaña. Hoy, a sus setenta y ocho años sigue dando conferencias por el mundo y alertando sobre la posible extinción de los grandes primates. En una entrevista reciente comentó: «El doctor Leakey tenía razón, las mujeres tenemos más paciencia y somos mejores observadoras, sin paciencia no se puede criar a los hijos, y sin observar no puedes aprender las necesidades de alguien que no habla, como un bebé.» Jane goza hoy del máximo prestigio como experta en el comportamiento animal y una revista científica la calificó como «la Einstein de la etnología».

Me encontraba en el Zaire cuando me enteré del asesinato de la zoóloga norteamericana Dian Fossey en 1986. Había dedicado toda su vida a preservar a los gorilas de montaña y los cazadores furtivos no se lo perdonarían. La noticia me estremeció porque entre mis planes estaba realizar un reportaje sobre su trabajo y entrevistarla en el Centro de Investigación de Karisoke, en los montes Virunga de Ruanda. No pudo ser, nunca llegué a conocerla aunque mi interés por estos primates comenzó muchos años atrás leyendo su libro *Gorilas en la niebla*. Si meses después pude hacer mi reportaje en los volcanes Virunga, si conseguí como cualquier turista acercarme a ellos y fotografiarlos, fue gracias a las pautas que marcó Dian tras largos años de estudio.

Mary Kingsley fue posiblemente la primera europea en contemplar una familia de gorilas en las selvas de Gabón. Era el año 1895 y por entonces los gorilas eran animales temidos y con fama de asesinos, así que se mostró bastante horrorizada ante su presencia. A pesar del susto escribió: «He visto muchos animales salvajes en su ambiente natural pero jamás he contemplado a ninguno como los gorilas abriéndose paso en la jungla; era la actuación de unos tracepistas, graciosa, poderosa y soberbia.» Seguramente los gorilas se debieron quedar igualmente perplejos ante la presencia de aquella mujer vestida con un encorsetado traje negro que los observaba con curiosidad.

Dian Fossey, una intrépida californiana, llegó a las brumosas montañas de los volcanes Virunga en 1967. Desde ese año emprendió sola una ardua lucha contra la soledad, el clima hostil, la deforestación y los cazadores furtivos. Cuando se instaló a vivir aquí a más de tres mil metros de altitud, en medio de la selva húmeda, partía absolutamente de cero. Tenía treinta y cinco años, apenas chapurreaba unas palabras de swahili para entenderse con los porteadores, tuvo que organizar el campamento, seleccionar personal y continuar con sus estudios. Y rastrear incansable la selva en busca de los gorilas que huían ante su presencia: «Al principio tenía que esperar hasta media hora haciendo ver que comía hojas antes de que les venciera la curiosidad y subieran a los árboles circundantes. Una vez satisfechas sus ansias de fisgonear, se olvidaban de mi presencia y reanudaban sus actividades normales, que eran el objetivo de mi estudio.»

En los siguientes años enseñó a los nativos a seguir las pistas de los gorilas y a aproximarse a ellos sin asustarles. Dian continuaba conviviendo con ellos y terminaron por aceptarla como un miembro más de la comunidad, lo que le permitó demostrar el falso mito de su fiereza. Y sobre todo, seguía luchando contra los cazadores, desarmaba sus trampas, rescataba a sus presas y atendía a las crías huérfanas. Se sentía agotada pero inmensamente feliz tal como confesaba en su autobiografía: «Era imposible sentirme sola. Los ruidos nocturnos de los elefantes y búfalos que acudían a beber al cercano arroyo del campamento, unidos a los chirriantes coros de los damanes, me rodeaban como parte de la tranquilidad de la noche. Fueron tiempos mágicos.»

Tras dos largos años observando, intercambiando con ellos miradas cómplices, al fin un gorila macho, llamado *Peanuts*, se atrevió a tocar su mano. «Extendí poco a poco la mano, la palma hacia arriba y la dejé sobre las hojas. Después de mirarla con detenimiento, *Peanuts* se levantó y extendió su mano para rozar mis dedos con los suyos por un instante. Fue uno de los momentos más memorables de mi vida entre los gorilas», recordaría Dian.

Pero la felicidad pronto se veía empañada con nuevos asesinatos de gorilas en la selva. Cada muerte era un duro golpe para Dian que los enterraba en silencio en un pequeño cementerio de Karisoke (Ruanda) anotando sus nombres y edad en improvisados letreros. Era su forma de denunciar la trágica situación que se vivía en la reserva. Algunos comenzaron a tacharla de «loca» y de tratar a los gorilas como a seres humanos.

En sus últimos años Dian estaba muy enferma —sufría un enfisema— y se mostraba hostil ante la visita de los turistas e investigadores. El 27 de diciembre de 1985, fue brutalmente asesinada en su cabaña; llevaba dieciocho años entregada al estudio y conservación de los gorilas de montaña en la región de los volcanes. El legado de su obra, su pasión por los gorilas, pervivió más allá de su muerte. Hoy su espíritu sigue vivo en una mujer africana, la veterinaria ruandesa Gladys Kalema que ha seguido sus pasos. En la impenetrable selva de Bwindi en Uganda, esta joven dinámica de veintiséis años sabe que sólo quedan en el mundo 650 gorilas de alta montaña. Y como

Dian se ha propuesto cuidarlos, seguir investigando y denunciar las matanzas.

Lejos de África, al sur de Borneo, la doctora Biruté Galdikas lucha para que los orangutanes no se conviertan en una especie en extinción. Como sus compañeras creó de la nada una reserva natural para protegerlos de los cazadores furtivos y la civilización. Lleva más de veintisiete años estudiando su comportamiento desde que llegó al centro de Tanjung Putting. En sus primeros tiempos se instaló en una choza con varios orangutanes que habían vivido en cautividad y a los que intentaba devolver a la selva que nunca habían pisado.

A Biruté la llaman la «Dian Fossey» de los orangutanes, como ella, trabaja y vive en la reserva con una treintena de nativos y en las cabañas del centro recibe a estudiantes de zoología e investigadores de todo el mundo. Esta valiente mujer cruza cada día el mismo sendero para alimentar a sus orangutanes. No teme a los enormes machos de 80 kilos de peso y metro y medio de altura que se acercan curiosos a saludarla. Su hogar son los bosques tropicales de Borneo, en Indonesia, donde vive a veces sola, aislada del mundo, amenazada de muerte como sus colegas y dispuesta a dar su vida por preservar su entorno natural.

Una de las obsesiones de Alexandra David-Néel, que ya había cumplido los cien años, era la llegada de los hombres a la Luna. Jean Chalon en su magnífica biografía sobre esta famosa exploradora y orientalista, cuenta que en una de las últimas entrevistas que le hicieron, cuando le preguntaron qué pensaba del viaje del *Apolo XI* comentó: «No han explorado realmente la Luna. Con estos trajes tan incómodos... Explorar un país es caminar descalzo, acariciar las piedras y vivir con sus habitantes.» Los dos astronautas estadounidenses habían pisado la Luna el 21 de julio de 1969. Eran los primeros en conseguirlo, pero para Alexandra su hazaña no tenía nada que ver con lo que para ella significaba viajar.

Ya desde finales del siglo XVIII un puñado de audaces viajeras se sentían a sus anchas volando, en la cesta de un globo o en los primeros aeroplanos de los hermanos Wright. Con sus sombreros de plumas, corsés y elegantes vestidos causaban gran expectación entre el público. Aquellas aventuras parecían más hazañas circenses que otra cosa pero permitieron a un puñado de mujeres sentir el vértigo de las alturas. Para encontrar a las primeras mujeres aeronautas, precursoras de las modernas aviadoras hay que retroceder a 1784. En aquellos tiempos Mme. Thiblé fue la primera en viajar como pasajera en un globo aerostático Montgolfier. Cuando el enorme globo comenzó a elevarse, ella entusiasmada se puso a cantar a dúo con el piloto ajena al peligro. Otra valiente exploradora aérea, Mme. Garnerin, fue la primera mujer que pilotó su propio globo y la primera en descender en paracaídas. Su sobrina, Elise Garnerin, se especializó en esta prueba, y entre 1815 y 1836, realizó más de cuarenta saltos. Tenía su mérito lanzarse al vacío con las «garantías» que ofrecían los paracaídas de entonces.

Entre los pioneros de los vuelos aéreos figura el nombre de una mujer que en el siglo XX se convirtió en una leyenda, Amelia Earhart. Nacida en Kansas en 1898, lo tenía todo para ser una heroína moderna, era hermosa, valiente, inconformista y perseverante. Sólo tenía un sueño, dar la vuelta al mundo —un trayecto de más de 46.670 kilómetros— por su círculo más ancho, el ecuador. Ningún hombre se había atrevido a semejante proeza, si ella lo conseguía sería la primera y abriría el camino a las demás. Amelia tenía una vena audaz que su madre alimentó siendo una niña y vistiéndola con bombachos. Ella siempre potenció su aire andrógino como parte de su encanto y es cierto que físicamente era muy parecida al aviador Charles Lindbergh. Rubia, alta y de hermosos ojos azules marcó un estilo en su época y simbolizaba la mujer independiente hecha a sí misma. Durante mucho tiempo acaparó las portadas de las revistas de moda y ofrecía entrevistas como una estrella de Hollywood. Cuidaba su imagen como una top model, se diseñaba ella misma su ropa, sus chaquetas de piel y ajustados pantalones se hicieron famosos. Con estos gestos Amelia quería demostrar que se podía ser una audaz aventurera sin dejar de ser femenina. Sus compañeros contaban que tras un aterrizaje forzoso, lo primero que hizo al salir del avión fue retocar su maquillaje. Al margen de estos detalles de coquetería, Amelia no pecaba de frivolidad, al contrario se convirtió en un modelo a seguir por miles de jovencitas, «me enorgullezco de haber abierto el camino a otras mujeres que se atrevan a seguirme», había dicho en más de una ocasión esta pionera feminista.

Amelia, que antes de volar había sido maestra de niños inmigrantes en Boston, fue dos veces la primera mujer en cruzar el Atlántico por vía aérea, una en 1928 volando como pasajera, justo un año después del famoso vuelo de Lindbergh y otra en 1932 volando en solitario, su auténtico sueño, a bordo de un Lockheed Vega de color rojo comprado con sus ahorros de escritos y conferencias.

Aunque a Amelia no le gustaba hablar de los peligros que sufría en sus vuelos, en aquel famoso viaje en solitario lo debió pasar muy mal. Por los diarios que escribió se sabe que en pleno vuelo su altímetro dejó de funcionar, que voló sin visibilidad en medio de la niebla y de una tormenta y que el tubo de escape se quemó provocando un incendio. El avión perdía gasolina y podía haber explotado en cualquier momento. No tenía comunicación por radio y aterrizó en un campo de Irlanda trece horas después de su despegue. Hay que tener mucha sangre fría para pilotar un avión en estas condiciones y conseguir llegar a tierra. Con esta proeza no sólo se convirtió en la primera mujer que atravesó el Atlántico sino que batió el récord femenino de distancia.

Desde que comenzó su carrera como piloto, Amelia disfrutaba dando conferencias y animando a otras mujeres a volar. En 1937 iba a cumplir su sueño más deseado, dar la vuelta al mundo. Todo fue bien hasta llegar a la etapa más larga de su viaje alrededor del planeta. Partió temprano de Lae, en Nueva Guinea, con dirección a la isla de Howland, un «paseo» de 4.113 kilómetros. Nunca llegó a su destino, Amelia y su acompañante desaparecieron en el océano en esta ruta inexplorada por los pilotos. En el Pacífico acabó su aventura cuando pensaba llevar una vida más tranquila, volar menos y formar una familia.

Pero el espíritu de Amelia no murió con ella. Veintisiete años después de su muerte dos mujeres dieron la vuelta al globo con sus aviones por distintas rutas. Geraldine Mock fue la primera mujer que circundó la Tierra en su monomotor. Y Joan Marriam Smith que pilotaba un Piper bimotor siguió la «fatídica» ruta por el ecuador en la que murió Amelia y lo consiguió.

El 16 de junio de 1963, la rusa Valentina Terechkova, a bordo del *Vostok 6*, se convertía en la primera mujer astronauta de la historia. Permaneció en el espacio 70 horas y 50 minutos y dio 49 vueltas a nuestro planeta. Esta audaz ingeniera se sintió atraída por el espacio a raíz del vuelo de Yuri Gagarin en 1961, el primer astronauta de la historia. Valentina simplemente «quiso imitarle» y cuando lo consiguió permaneció en el espacio más tiempo que los seis astronautas americanos juntos que la habían precedido. A su regreso, esta heroína que no se dejó llevar por el éxito, tuvo una hija y se dedicó de lleno a la carrera política, llegando a ser diputada del Sóviet Supremo. A pesar del tiempo transcurrido desde su odisea espacial, Valentina confesó que sentía una gran nostalgia cuando de noche alzaba su mirada y miraba allá arriba el universo.

La NASA, como en su momento la Royal Geographical Society de Londres, fue en un principio reacia a admitir mujeres en sus filas. Hubo que esperar hasta 1978 para que ellas pudieran colaborar en las conquistas espaciales. Hoy pilotan transbordadores, dirigen proyectos de exploración a Marte y están al frente de los nuevos programas de simuladores de vuelo. Los expertos por primera vez aseguran que «no hay razones fisiológicas que limiten el acceso de la mujer a los viajes espaciales». Sin más obstáculos, la carrera de las mujeres al espacio sólo acaba de empezar.

Treinta años después de que el hombre pisara la Luna otra mujer se lanzaba a la conquista del espacio en 1999. La comandante Eileen Collins, de cuarenta y dos años, se convertía en la primera mujer en la historia de la carrera espacial en pilotar un vuelo transbordador de la NASA. La astronauta y teniente coronel posee un buen historial y méritos no le han faltado para estar al frente del Columbia. Tiene un espectacular récord como piloto de pruebas y astronauta, con más de 400 horas de vuelo. Alta, segura de sí misma, vestida con su mono azul de piloto y el casco en la mano, Eileen representa para muchas mujeres el futuro, «hoy las mujeres pueden ver realizados sus sueños aunque éstos se encuentren en las estrellas», dijo al enterarse de su nombramiento.

Hoy que nuestro planeta ha sido cartografiado casi en su totalidad, y que la época de las grandes expediciones ha concluido, aún quedan nuevos retos que afrontar. Si la exploración espacial no ha hecho más que empezar, los fondos marinos siguen siendo un fascinante misterio.

Sylvia Earle es una veterana exploradora de las profundidades que ha dirigido más de 60 expediciones submarinas. Posee el récord de profundidad de buceo en solitario (1.000 m) y ha dedicado toda su vida al estudio de nuestros océanos. A sus setenta años, esta dama elegante, enjuta y de frágil aspecto, sigue buceando y trabajando para la National Geographic Society. Se enamoró del mar cuando tenía tres años y ahora confiesa con ironía «la salud sólo me falla cuando paso mucho tiempo sin sumergirme».

Al igual que Sylvia Earle o Jane Goodall, las grandes exploradoras del siglo XXI son mujeres valientes, luchadoras y comprometidas. No dudan en aprovechar su imagen pública para alzar su voz contra la destrucción de la naturaleza. Y de recordarnos que en este mundo frágil y amenazado, todavía es posible sentir, como antaño, la emoción del descubrimiento.

BIBLIOGRAFÍA

ALBORCH, C. *Solas*, Temas de Hoy, Barcelona, 1999.

ÁLVARO, y S. ORTEGA, J. *Tierra de aventura*. Temas de Hoy, Madrid, 1998.

ANDERSON, B. S. y ZINSSER, J. P. *Historia de las mujeres: una Historia propia*. Volúmenes I y II. Crítica, Barcelona, 1991.

BIERMAN, J. *La leyenda de Henry Stanley*, Vergara, Buenos Aires, 1993.

BISHOP, I. L. *Viaje al pequeño Tibet*. Laertes, Barcelona, 1991.

BLACKBURN, J. *El desierto de Daisy Bates*. Mondadori, Barcelona, 1999.

BOORSTIN, D. J. *Los descubridores*. Crítica, Barcelona, 1986.

BOYLE, T. C. *Música acuática*. Galaxia Gutemberg, Barcelona, 1999.

Britannia's Danggters de Joanna trollope, Cisset Library, London, 1983.

BRYAN, C. D. B. *The National Geographic Society*. Folio, Barcelona, 1989.

BURTON, R. *Las Montañas de la Luna*. Valdemar, Madrid, 1993.

—, SPEKE, J. *Aux Sources du Nil*. Phébus, París, 1988.

CHALON, J. *Un destino luminoso*. Mondadori, Barcelona, 1999.

COLINA, A. y LLEDÓ, J. *Grand Tour*. Album, Madrid, 1995.

CONDORCET, DE GOUGES, DE LAMBERT y otros. *La ilustración olvidada*. Anthropos, 1993.

COOK, J. *Los tres viajes alrededor del mundo*. Terra Incógnita, Palma de Mallorca, 2000.

D'AULNOY, M. *Relación del viaje de España*. Cátedra, Madrid, 2000.

DAVID-NÉEL, A. *Viaje a Lhasa*. Índigo, Barcelona, 1989.

DAVIDSON, B. *Historia de África.* Folio, Barcelona, 1992.

DELACROIX. *Viaje a Marruecos.* Bibliothèque de l'Image, París, 2000.

DESCHAMPS, H. *Histoire des explorations.* Presses Universitaires de France, 1969.

DINESEN, I. *Memorias de África.* Alfaguara, Madrid, 1993.

— *Cartas de África.* Alfaguara, Madrid, 1993.

EGERIA. *El viaje de Egeria.* Laertes, Barcelona, 1994.

ERREAR, E. *Isabelle Eberhardt.* Circe, Barcelona, 1988.

FOLGUERA, P., ORTEGA, M., SEGURA, C. *Historia de las mujeres en España.* Síntesis, Madrid, 1997.

FORD, R. *Manual para viajeros por España y lectores en casa.* Taurus, Madrid, 1982.

FOSSEY, D. *Gorilas en la niebla.* Salvat, 1985.

FOUNTAINE, M. *El tiempo de las mariposas.* Mondadori, Barcelona, 1999.

GENIESSE, J. F. *La nómada apasionada.* Planeta, Barcelona, 2001.

GONZÁLEZ DE VEGA, G. *Mar Brava.* Ediciones B, Barcelona, 1999.

GONZÁLEZ, M. *Las mujeres de la Edad Media y el Camino de Santiago.* Xunta de Galicia, Santiago de Compostela, 1989.

HUGON, A. *La gran aventura africana, exploradores y colonizadores.* Ediciones B, Barcelona, 1998.

IRADIER, M. *África.* Mondadori, Barcelona, 2000.

KEAY, J. *With Passport and Parasol.* BBC Books, Londres, 1989.

LABARGE, M. W. *Viajeros medievales.* Nerea Hondarribia, 2000.

LANDON, M. *Anna y el rey de Siam.* Mondadori, Barcelona, 1999.

LE NABOUR, E. *Las grandes aventuras de la Historia.* Vergara, Buenos Aires, 1992.

LOTI, P. *Viaje a Marruecos.* Abraxas, Barcelona, 1999.

LÜTGEN, K. *África mía.* Noguer, Barcelona, 1991.

MACZAK, A. *Viajes y viajeros en la Europa moderna.* Omega, Barcelona, 1996.

MAILLART, E. *La ruta cruel.* Ceac, Barcelona, 1999.

— *Oasis prohibidos.* Península, Barcelona, 1999.

MARTÍNEZ, J. L. *Pasajeros de Indias.* Fondo de Cultura Económica, México DF, 1999.

MAZENOD, L. (dirección). *Las mujeres célebres*, tomo II. Gustavo Gili, 1966.

MELVILLE, H. *Moby Dick.* Planeta, Barcelona, 2000.

MENDELSOHN, J. *Yo fui Amelia Earhart,* Mondadori, Barcelona, 1997.

MIDDLETON, D. *Victorian Lady Travellers.* Accademy Chicago Publishers, 1982.

MONTERO, R. *Pasiones.* Aguilar, Madrid, 1999.

— *Historias de mujeres.* Alfaguara, Madrid, 1995.

MORGAN, R. *Atlas de la situación femenina.* Hacer, 1993.

MOUCHARD, C. *Aventuras con enaguas.* Laia, Barcelona, 1988.

REVERTE, J. *El sueño de África.* Anaya & Mario Muchnik, Madrid, 1996.

RICE, E. *El capitán Richard F. Burton.* Siruela, Madrid, 1992.

ROBERTS, D. *Viaje por Egipto.* Bibliothèque de l'Image, París, 1997.

ROBINSON, J. *Wayward Women.* Oxford Press, Oxford, 1990.

SEGURA, C. *Diccionario de mujeres célebres.* Espasa, Madrid, 1998.

SHRADY, N. *Caminos sagrados.* Muchnik, Barcelona, 2001.

SILIOTTI, A. *El descubrimiento del Antiguo Egipto.* Folio, Barcelona, 1998.

SITWELL, E. *Ingleses excéntricos.* Tusquets, 1989.

STEVENSON, R. L. *En los mares del Sur.* Ediciones B, Barcelona, 1999.

TAVERA, S. (coordinadora). *Mujeres en la Historia de España.* Planeta, Barcelona, 2000.

TORBADO, J. *Viajeros intrépidos.* Planeta, Barcelona, 1998.

TRISTÁN, F. *Peregrinaciones de una paria.* Casa de las Américas, La Habana, 1984.

TROLLOPE, J. *Britannia's Daughters.* Cresset Library, Londres, 1983.

VARGAS-HIDALGO, R. *El breviario del vagabundo.* Compañía Literaria, Madrid, 1998.

VÁZQUEZ DE GEY, E. *Anita Delgado, Maharaní de Kapurthala.* Planeta, Barcelona, 1998.

Victorian lady travellers de Dorothy Middleton, Academy Chicago Publishers,1982.

WALLACH, J. *La reina del desierto.* Ediciones B, Barcelona, 1998.

With passport and parasol, de Julia Keay, BBC Books, 1989, London.

WORTLEY, M. *Cartas desde Estambul.* Casiopea, Barcelona, 1998.